학습 플래너와

영어회화

KB003951

_____의 해커스톡 영어회화 10분의 기적
아는 단어로 말하기 학습 플래너

나의 목표와 다짐을 적어보세요.

나는 _____을 하기 위해

_____년 _____월 _____일까지 이 책을 끝낸다!

나의 학습 플랜을 정해보세요.

☐ 20일 완성 (하루에 Day 5개씩)
☐ 50일 완성 (하루에 Day 2개씩)
☐ 100일 완성 (하루에 Day 1개씩)
☐ ____일 완성 (하루에 Day ___개씩)

학습을 마친 Day 번호를 체크해 보세요.

1	2	3	4	5	6	7	8	9	10	11	12	13	14	15	16	17	18	19	20
21	22	23	24	25	26	27	28	29	30	31	32	33	34	35	36	37	38	39	40
41	42	43	44	45	46	47	48	49	50	51	52	53	54	55	56	57	58	59	60
61	62	63	64	65	66	67	68	69	70	71	72	73	74	75	76	77	78	79	80
81	82	83	84	85	86	87	88	89	90	91	92	93	94	95	96	97	98	99	100

영어회화 공부하는 하루 10분이 더 재밌어지는

해커스톡의 추가 자료 8종

 교재 무료 해설강의
(팟캐스트 강의&해설강의 MP3)

 모바일 스피킹 훈련 프로그램

 본문 & 대화문 MP3

 매일 영어회화 무료 강의

 매일 영어회화 표현

 오늘의 영어 10문장

 스피킹 레벨테스트

 데일리 무료 복습 콘텐츠

이렇게 이용해보세요!

팟캐스트 강의는
① 팟빵 사이트(www.Podbbang.com)나 팟빵 어플 혹은 아이폰 Podcast 어플에서 '해커스톡' 검색
② 유튜브 사이트(www.youtube.com)나 유튜브 어플에서 '해커스톡' 검색
③ 네이버TV 사이트(tv.naver.com)나 네이버TV 어플에서 '해커스톡' 검색
④ 네이버 오디오클립 사이트(audioclip.naver.com)나 오디오클립 어플에서 '해커스톡' 검색
⑤ 해커스영어(Hackers.co.kr) 사이트 접속 → 기초영어/회화 탭 → 무료 영어컨텐츠 → 영어회화 10분의 기적 | 팟캐스트

모바일 스피킹 훈련 프로그램은
책의 각 Day에 있는 QR 코드 찍기

교재 해설 강의 MP3, 본문 & 대화문 MP3는
해커스톡(HackersTalk.co.kr) 접속 후 로그인 ▶ 상단의 [무료강의/자료 → 무료 자료/MP3] 클릭

매일 영어회화 무료 강의는
'해커스 ONE' 어플 설치 후 로그인 ▶ [무료학습]

매일 영어회화 표현, 오늘의 영어 10문장은
'해커스 ONE' 어플 설치 후 로그인 ▶ [무료학습] ▶
상단의 [오늘의 영어 10문장] 혹은 [매일 영어 회화 학습]에서 이용

스피킹 레벨테스트는
해커스톡(HackersTalk.co.kr) 접속 ▶ 상단의 [무료 레벨테스트] 클릭

데일리 무료 복습 콘텐츠는
'밴드' 어플 설치 ▶ 밴드에서 '해커스톡' 검색 후 접속 ▶ 매일 올라오는 무료 복습 콘텐츠 학습

해커스톡
영어회화
10분의
기적

아는 단어로 말하기

왕초보영어 탈출
해커스톡

이미 아는 단어로 영어회화가 가능해지는
교재 학습법

그림과 함께 표현 쏙~
미국인이 가장 많이 쓰는 표현을 그림과 함께 기억해보세요.

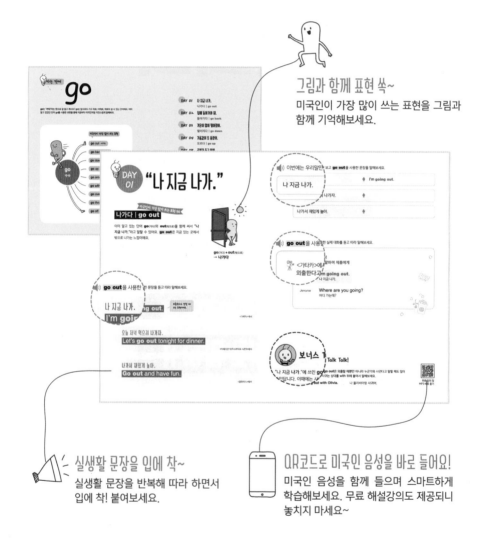

실생활 문장을 입에 착~
실생활 문장을 반복해 따라 하면서 입에 착! 붙여보세요.

QR코드로 미국인 음성을 바로 들어요!
미국인 음성을 함께 들으며 스마트하게 학습해보세요. 무료 해설강의도 제공되니 놓치지 마세요~

🕐 권장 학습시간: 3-4분

📢 문장을 듣고 따라 말해보세요.

미국인이 가장 많이 쓰는 표현을 사용한 문장을 듣고 따라 말해보세요. 반복해서 따라 할수록 입에 착! 붙어요.

스마트폰으로 QR코드를 찍으면 미국인 음성을 바로 들을 수 있어요.

🕐 권장 학습시간: 3-4분

📢 우리말만 보고 문장을 말해보세요.

앞에서 연습한 문장을 우리말만 보고 말해보세요. 조금 어려웠다면 다시 한번 반복해서 연습해보세요.

스마트폰으로 QR코드를 찍으면 한국인 음성을 듣고 직접 문장을 말해보고 미국인 음성으로 정답을 확인해볼 수 있어요.

🕐 권장 학습시간: 3-4분

📢 실제 대화를 따라 하며 말해보세요.

실생활 문장이 쓰인 영화, 드라마 속 실제 대화를 따라 하며 주인공처럼 술술~ 말해보세요.

스마트폰으로 QR코드를 찍으면 대화를 듣고 따라 말할 수 있어요.

🕐 권장 학습시간: 1-2분

📢 미국인 느낌 제대로 살리는 보너스 Tip!

앞에서 배웠던 표현을 미국인처럼 적재적소에 쓸 수 있게 하는 Tip을 덤으로 알아가세요. 훨씬 더 자연스럽게 말할 수 있을 거예요!

스마트폰으로 QR코드를 찍고 미국인 음성을 들으며 오늘 배운 문장과 대화를 한 번 더 복습해보세요.

이미 아는 단어로 말하는 쉬운 표현 100

이미 아는 단어로 말하는 쉬운 표현 100

이미 아는 단어로 말하는 **쉬운 표현 100**

이미 아는 단어로 말하는 쉬운 표현 100

생생하고! 스마트하게! "해커스톡 어플"
각 Day별로 제공되는 무료 강의와 함께, 실제 미국인이 말해주는 본문과 대화문을 따라
하며 학습할 수 있어요. QR코드를 통해 접속해보세요.

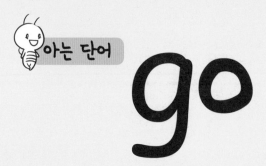

go

go는 '가다'라는 뜻으로 잘 알고 계시죠? go는 앞으로도 가고 뒤로, 아래로, 위로도 갈 수 있는 단어예요. 이미 알고 있었던 단어 go를 사용한 표현을 통해 지금부터 미국인처럼 자연스럽게 말해봐요.

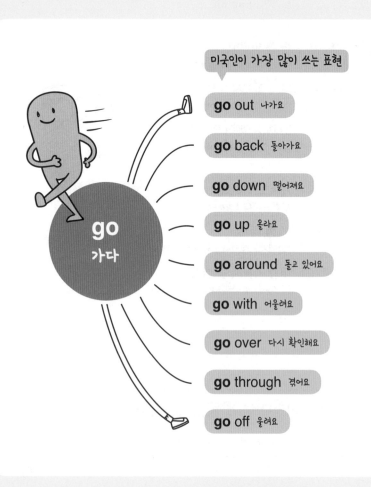

미국인이 가장 많이 쓰는 표현

go out 나가요

go back 돌아가요

go down 떨어져요

go up 올라요

go around 돌고 있어요

go with 어울려요

go over 다시 확인해요

go through 겪어요

go off 울려요

go
가다

DAY 01 "나 지금 나가."

미국인이 가장 많이 쓰는 표현 100

나가다 | go out

이미 알고 있는 단어 **go**(가다)와 **out**(밖으로)을 함께 써서 "나 지금 나가."라고 말할 수 있어요. **go out**은 지금 있는 곳에서 밖으로 나가는 느낌이에요.

go(가다) **+ out**(밖으로)
→ **나가다**

🔊 **go out**을 사용한 문장을 듣고 따라 말해보세요.

나 지금 나가.
I'm going out.

> 외출한다고 말할 때 쓰는 표현이에요.

<가타카>에서

오늘 저녁 먹으러 나가자.
Let's go out tonight for dinner.

<아메리칸 하우스와이프 시즌3>에서

나가서 재밌게 놀아.
Go out and have fun.

<클루리스>에서

🔊 이번에는 우리말만 보고 **go out**을 사용한 문장을 말해보세요.

| 나 지금 **나가**. | 🎤 I'm **going out**. |

| 오늘 저녁 먹으러 **나가자**. | 🎤 |

| **나가서** 재밌게 놀아. | 🎤 |

🔊 **go out**을 사용한 실제 대화를 듣고 따라 말해보세요.

🎥 <가타카>에서
외출한다고 말하며 제롬에게

Vincent   **I'm going out**.
나 지금 나가.

Jerome   **Where are you going?**
어디 가는데?

 보너스 Talk Talk!

"나 지금 **나가**."에 쓰인 **go out**은 외출할 때뿐만 아니라 누군가와 사귄다고 말할 때도 많이 쓰인답니다. 이때에는 사귀는 상대를 **with** 뒤에 붙여서 말해보세요.
....
· **I'm going out with Olivia.**   나 올리비아랑 사귀어.

무료 강의 및
MP3 바로 듣기

DAY 02 "집에 돌아가야 돼."

돌아가다 | go back

이미 알고 있는 단어 **go**(가다)와 **back**(뒤로)을 함께 써서 **"집에 돌아가야 돼."**라고 말할 수 있어요. **go back**은 지금 있는 곳에서 원래 있던 곳으로 다시 돌아가는 느낌이에요.

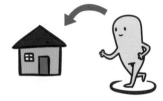

go(가다) **+ back**(뒤로)
→ **돌아가다**

🔊 **go back**을 사용한 문장을 듣고 따라 말해보세요.

나 집에 돌아가야 돼.
I have to go back home.

<아메리칸 하우스와이프 시즌1>에서

사무실로 돌아갈 거야.
I'm going back to work.

<8마일>에서

다시 자리 가.
Go back to bed.

침대로 돌아가서 다시 잠자리에 들라는 의미예요.

<드래곤 길들이기>에서

🔊)) 이번에는 우리말만 보고 **go back**을 사용한 문장을 말해보세요.

나 집에 **돌아가야** 돼.   🎤 I have to **go back** home.

사무실로 **돌아갈** 거야.   🎤

다시 자러 **가**.   🎤

🔊)) **go back**을 사용한 실제 대화를 듣고 따라 말해보세요.

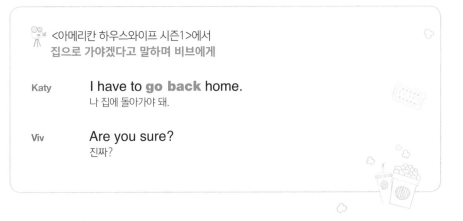

🎥 <아메리칸 하우스와이프 시즌1>에서
집으로 가야겠다고 말하며 비브에게

Katy   I have to **go back** home.
나 집에 돌아가야 돼.

Viv   Are you sure?
진짜?

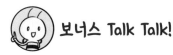 보너스 Talk Talk!

"집에 **돌아가야** 돼."에 쓰인 **go back**은 원래 있던 장소로 돌아갈 때뿐만 아니라 원래 상태로 돌아간다고 말할 때도 많이 쓰인답니다.

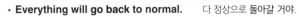

· **Everything will go back to normal.**   다 정상으로 돌아갈 거야.

무료 강의 및
MP3 바로 듣기

DAY 03 "기온이 많이 떨어졌어."

떨어지다 | go down

이미 알고 있는 단어 **go**(가다)와 **down**(아래로)을 함께 써서 **"기온이 많이 떨어졌어."**라고 말할 수 있어요. **go down**은 기온, 성적, 가격 등의 수치가 아래로 내려가는 느낌이에요.

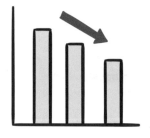

go(가다) **+ down**(아래로)
→ **떨어지다**

🔊) **go down**을 사용한 문장을 듣고 따라 말해보세요.

기온이 많이 떨어졌어.
The temperature **went down** a lot.

걔 성적 떨어졌어.
Her grades **went down**.

<심슨 가족 시즌22>에서

가격이 계속 떨어질 거야.
The price will keep **going down**.

keep ~ing는 '계속 ~하다' 라는 의미예요.

<에디 머피의 대역전>에서

🔊 이번에는 우리말만 보고 **go down**을 사용한 문장을 말해보세요.

기온이 많이 **떨어졌어.** 🎤 The temperature **went down** a lot.

걔 성적 **떨어졌어.** 🎤

가격이 계속 **떨어질 거야.** 🎤

🔊 **go down**을 사용한 실제 대화를 듣고 따라 말해보세요.

🎥 <에디 머피의 대역전>에서
왜 지금 주식을 사면 안 되는지 묻는 랜돌프에게

Randolph   Why shouldn't we buy now?
왜 지금 사면 안 되는 거지?

Billy   The price will keep **going down**.
가격이 계속 떨어질 거거든.

 보너스 Talk Talk!

"기온이 많이 **떨어졌어.**"에 쓰인 **go down**은 기온처럼 수치가 떨어질 때뿐만 아니라 위치상 낮은 곳으로 내려갈 때도 많이 쓰인답니다.

· **Watch out when you go down the stairs.**   계단을 내려갈 때 조심해.

무료 강의 및
MP3 바로 듣기

DAY 04 "기름값이 또 올랐어."

오르다 | go up

이미 알고 있는 단어 **go**(가다)와 **up**(위로)을 함께 써서 **"기름값이 또 올랐어."**라고 말할 수 있어요. **go up**은 가격, 물가, 세금 등의 수치가 위로 올라가는 느낌이에요.

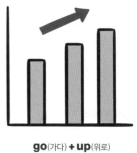

go(가다) **+ up**(위로)
→ **오르다**

🔊 **go up** 을 사용한 문장을 듣고 따라 말해보세요.

기름값이 또 올랐어.
Gas prices **went up** again.

물가가 올랐어.
Prices **went up**.

물가는 prices를 써서 말해요.

<애니멀 킹덤 시즌1>에서

세금이 계속 올라.
Taxes keep **going up**.

<미스 레티&미>에서

◀)) 이번에는 우리말만 보고 **go up**을 사용한 문장을 말해보세요.

기름값이 또 올랐어.	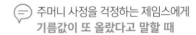 Gas prices **went up** again.
물가가 올랐어.	
세금이 계속 올라.	

◀)) **go up**을 사용한 실제 대화를 듣고 따라 말해보세요.

(=) 주머니 사정을 걱정하는 제임스에게
기름값이 또 올랐다고 말할 때

Lily   Gas prices **went up** again.
기름값이 또 올랐어.

James   Oh, no. They're already too high!
아, 이럴 수가. 이미 엄청 비싼데!

 보너스 Talk Talk!

"기름값이 또 **올랐어**."에 쓰인 **go up**은 가격처럼 수치가 올라갈 때뿐만 아니라 위치상 높은 곳으로 올라갈 때도 많이 쓰인답니다.

· **Let's go up the hill over there.**   저기 언덕을 올라가자.

무료 강의 및
MP3 바로 듣기

DAY 05 "루머가 돌고 있어."

돌다 | go around

이미 알고 있는 단어 **go**(가다)와 **around**(여기저기)를 함께 써서 **"루머가 돌고 있어."**라고 말할 수 있어요. **go around**는 루머나 전염병 등이 이 사람 저 사람한테 가서 퍼지는 느낌이에요.

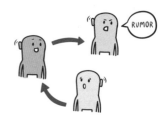

go(가다) **+ around**(여기저기)
→ **돌다**

🔊 **go around**를 사용한 문장을 듣고 따라 말해보세요.

루머가 돌고 있어.
A rumor is **going around**.

지독한 독감이 사무실에 돌고 있어.
A bad flu is **going around** the office.

너 요즘 돌고 있는 루머들 들었어?
Did you hear the rumors **going around**?

🔊 이번에는 우리말만 보고 **go around**를 사용한 문장을 말해보세요.

루머가 **돌고 있어.**	🎤 A rumor is **going around**.

지독한 독감이 사무실에 **돌고 있어.**	🎤

너 요즘 **돌고 있는** 루머들 들었어?	🎤

🔊 **go around**를 사용한 실제 대화를 듣고 따라 말해보세요.

💬 함께 수업을 듣는 친구 릴리에게
어떤 루머가 돌고 있다고 말할 때

James   A rumor is **going around**.
루머가 돌고 있어.

Lily   What rumor? Tell me about it.
무슨 루머? 나한테 말해줘.

무료 강의 및
MP3 바로 듣기

DAY 06
"치킨은 맥주와 잘 어울려."

어울리다 | go with

이미 알고 있는 단어 **go**(가다)와 **with**(~와 함께)를 함께 써서 **"치킨은 맥주와 잘 어울려."**라고 말할 수 있어요. **go with** 는 서로 잘 어울리는 음식이나 옷들이 사이좋게 걸어가는 듯 조화로운 느낌이에요.

go(가다) **+ with**(~와 함께)
→ **어울리다**

🔊 **go with** 를 사용한 문장을 듣고 따라 말해보세요.

치킨은 맥주와 잘 어울려.
Chicken **goes** well **with** beer.

'잘 어울린다'고 강조하고 싶을 때는 go와 with 사이에 well이나 great을 넣어서 말해요.

이건 치즈와 아주 잘 어울려.
This **goes** great **with** cheese.

<파티 다운 시즌2>에서

이 스웨터는 어떤 옷에든 어울려.
This sweater **goes with** everything.

<더 보스>에서

🔊)) 이번에는 우리말만 보고 **go with**를 사용한 문장을 말해보세요.

치킨은 맥주와 잘 **어울려**.	🎙 Chicken **goes** well **with** beer.
이건 치즈와 아주 잘 **어울려**.	🎙
이 스웨터는 어떤 옷에든 **어울려**.	🎙

🔊)) **go with**를 사용한 실제 대화를 듣고 따라 말해보세요.

🎬 <더 보스>에서
스웨터가 별로라고 말하는 미셸에게

Michelle **I don't know why you love this sweater.**
나는 네가 왜 이 스웨터를 좋아하는지 모르겠어.

Claire **This sweater goes with everything.**
이 스웨터는 어떤 옷에든 어울려.

 보너스 Talk Talk!

"치킨은 맥주와 잘 **어울려**."라고 말하고 싶을 때, match(어울리다)가 떠올랐나요? 이런 상황에서 미국인들은 **go with**를 가장 많이 써서 말한답니다.

· Chicken matches beer. → match는 음식을 말할 때 쓰면 어색해요.
· **Chicken goes well with beer.** → '음식끼리 궁합이 좋다'는 의미가 강조돼요.

무료 강의 및
MP3 바로 듣기

DAY 07

"다시 한번 확인해보자."

다시 확인하다 | go over

이미 알고 있는 단어 **go**(가다)와 **over**(되풀이해)를 함께 써서 **"다시 한번 확인해보자."**라고 말할 수 있어요. **go over**는 내용을 꼼꼼하게 다시 보고 또 살펴본다는 느낌이에요.

go(가다) **+ over**(되풀이해)
→ **다시 확인하다**

🔊 **go over**를 사용한 문장을 듣고 따라 말해보세요.

이거 다시 한번 확인해보자.
Let's **go over** this one more time.

<그레미 아나토미 시즌2>에서

우리 일정 다시 확인하는 게 좋겠어.
We should **go over** the schedule.

나 이 보고서 검토해야 돼.
I need to **go over** this report.

> go over는 보고서나 계약서를 검토할 때도 쓸 수 있어요.

🔊)) 이번에는 우리말만 보고 **go over**를 사용한 문장을 말해보세요.

이거 **다시** 한번 **확인해보자**. 🎤 Let's **go over** this one more time.

우리 일정 **다시 확인하는** 게 좋겠어. 🎤

나 이 보고서 **검토해야** 돼. 🎤

🔊)) **go over**를 사용한 실제 대화를 듣고 따라 말해보세요.

(=) 이벤트를 기획하던 중 직장 동료 톰에게
일정을 다시 확인해봐야겠다고 말할 때

Lily   We should **go over** the schedule.
        우리 일정 다시 확인하는 게 좋겠어.

Tom   Why? Is there a problem?
        왜? 무슨 문제 있어?

해커스톡 영어회화 10분의 기적 아는 단어로 말하기

무료 강의 및
MP3 바로 듣기

교재 본문 & 대화문 MP3 **HackersTalk.co.kr** 29

DAY 08

"이별 후유증을 겪고 있어."

겪다 | go through

이미 알고 있는 단어 **go**(가다)와 **through**(통과해서)를 함께 써서
"이별 후유증을 겪고 있어."라고 말할 수 있어요. **go through**
는 좁고 긴 터널을 지나는 것처럼 어려운 시기를 견뎌내는 듯한
느낌이에요.

go(가다) **+ through**(통과해서)
→ **겪다**

🔊 **go through**를 사용한 문장을 듣고 따라 말해보세요.

걘 이별 후유증을 겪고 있어.
He's **going through** a breakup.

> breakup은 이별 후 겪는 후유증을
> 말할 때 쓸 수 있어요.

<오피스 시즌4>에서

걘 힘든 시기를 겪고 있어.
She's **going through** a hard time.

<테이큰 2>에서

그 사람은 많은 일을 겪고 있어.
He's **going through** a lot.

<닥터 캔 시즌2>에서

🔊 이번에는 우리말만 보고 **go through**를 사용한 문장을 말해보세요.

걘 이별 후유증을 **겪고** 있어.	🎙️ He's **going through** a breakup.

걘 힘든 시기를 **겪고** 있어.	🎙️

그 사람은 많은 일을 **겪고** 있어.	🎙️

🔊 **go through**를 사용한 실제 대화를 듣고 따라 말해보세요.

🎬 <오피스 시즌4>에서
힘들어하는 드와이트를 놀리자는 짐에게

Pam   He's **going through** a breakup.
       걘 이별 후유증을 겪고 있어.

Jim   Yeah. I know that.
       그래. 나도 그건 알고 있어.

 보너스 Talk Talk!

"이별 후유증을 **겪고** 있어."라고 말하고 싶을 때, **experience**(경험하다)를 써서 말하기 쉬운데요. 미국인들은 어려운 시기를 견뎌내는 느낌을 잘 살려주는 **go through**를 훨씬 더 많이 써서 말한답니다.

- He's experiencing a breakup. ⇢ 덜 자연스러워요.
- **He's going through a breakup.** ⇢ 미국인들이 훨씬 더 많이 쓰는 표현이에요.

무료 강의 및
MP3 바로 듣기

DAY 09 "알람이 안 울렸어."

울리다 | go off

이미 알고 있는 단어 **go**(가다)와 **off**(멀리)를 함께 써서 **"알람이 안 울렸어."**라고 말할 수 있어요. **go off**는 알람이나 경보기가 소리를 크게 뿜어낼 때 그 음파가 공중으로 멀리 퍼져나가는 느낌이에요.

go(가다) + **off**(멀리)
→ **울리다**

🔊 **go off**를 사용한 문장을 듣고 따라 말해보세요.

알람이 안 울렸어.
My alarm didn't **go off**.

<마담 세크리터리 시즌2>에서

알람이 울렸었어?
Did the alarm **go off**?

<마블러브 미스 메이슬 시즌1>에서

자동차 경보기가 길거리에서 울리고 있어.
A car alarm is **going off** in the street.

이번에는 우리말만 보고 **go off**를 사용한 문장을 말해보세요.

알람이 안 **울렸어**.	🎤 My alarm didn't **go off**.

알람이 **울렸었어**? 🎤

자동차 경보기가 길거리에서 **울리고** 있어. 🎤

 go off를 사용한 실제 대화를 듣고 따라 말해보세요.

🎥 <마담 세크리터리 시즌2>에서
늦게 일어난 이유를 말하며 딸 스티비에게

Henry **My alarm didn't go off.**
알람이 안 울렸어.

Stevie **Yeah, my alarm sometimes does that, too.**
네, 제 알람도 가끔 그러더라고요.

 보너스 Talk Talk!

"알람이 안 **울렸어**."라고 말하고 싶을 때, ring(울리다)을 써서 말하기 쉬운데요. 미국인들은 알람 소리가 크게 울리는 느낌을 잘 살려주는 **go off**를 훨씬 더 많이 써서 말한답니다.

· My alarm didn't ring. → 덜 자연스러워요.
· **My alarm didn't go off .** → 미국인들이 훨씬 더 많이 쓰는 표현이에요.

무료 강의 및
MP3 바로 듣기

come

come은 '오다'라는 뜻으로 잘 알려져 있죠? come은 목적지로 점점 가까이 오는 느낌의 단어예요. 이미 알고 있었던 단어 come을 사용한 표현을 통해 지금부터 미국인처럼 자연스럽게 말해봐요.

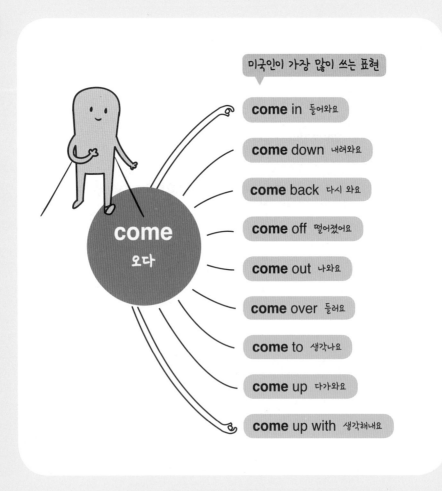

미국인이 가장 많이 쓰는 표현

come in 들어와요

come down 내려와요

come back 다시 와요

come off 떨어졌어요

come out 나와요

come over 들러요

come to 생각나요

come up 다가와요

come up with 생각해내요

come
오다

DAY 10 "들어와."

들어오다 | come in

이미 알고 있는 단어 **come**(오다)과 **in**(안에)을 함께 써서 **"들어와."**라고 말할 수 있어요. **come in**은 외부에서 실내로 들어오는 느낌이에요.

come(오다) **+ in**(안에)
→ **들어오다**

🔊 **come in**을 사용한 문장을 듣고 따라 말해보세요.

들어와.
Come in.

<프레쉬 오프 더 보트 시즌3>에서

들어올래?
Do you want to come in?

<노트북>에서

나 들어가도 돼?
Can I come in?

<노팅힐>에서

🔊 이번에는 우리말만 보고 **come in**을 사용한 문장을 말해보세요.

들어와.	🎤 **Come in**.

들어올래?	🎤

나 들어가도 돼?	🎤

🔊 **come in**을 사용한 실제 대화를 듣고 따라 말해보세요.

🎥 <프레쉬 오프 더 보트 시즌3>에서
병간호를 해주러 방으로 온 루이스에게

Jessica
Come in.
들어와.

Louis
How are you feeling?
몸은 좀 어때?

DAY 11 "이리 내려와."

내려오다 | come down

이미 알고 있는 단어 **come**(오다)과 **down**(아래로)을 함께 써서
"이리 내려와." 라고 말할 수 있어요. **come down** 은 높은 곳
에 있다가 낮은 곳으로 이동하는 느낌이에요.

come(오다) **+ down**(아래로)
→ **내려오다**

🔊 **come down** 을 사용한 문장을 듣고 따라 말해보세요.

이리 내려와.
Come down here.

<스폰지밥 네모바지 시즌1>에서

내가 내려갈게.
I'll **come down**.

<사인필드 시즌5>에서

나 내려가고 있어.
I'm **coming down**.

<나 홀로 집에 3>에서

🔊 이번에는 우리말만 보고 **come down**을 사용한 문장을 말해보세요.

이리 **내려와**.	🎤 **Come down** here.
내가 **내려갈게**.	🎤
나 **내려가고** 있어.	🎤

🔊 **come down**을 사용한 실제 대화를 듣고 따라 말해보세요.

🎬 <사인필드 시즌5>에서
1층 현관에서 집으로 올라가도 되냐고 묻는 제리에게

Jerry   Could I come up?
나 올라가도 돼?

Winona   I'll **come down**.
내가 내려갈게.

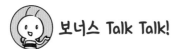 보너스 Talk Talk!

"이리 **내려와**."에 쓰인 **come down**은 낮은 곳으로 내려올 때뿐만 아니라 북쪽에서 남쪽으로 내려온다고 말할 때도 많이 쓰인답니다.

· **Come down to Jeju Island.**   제주도로 내려와.

무료 강의 및
MP3 바로 듣기

DAY 11

해커스톡 영어회화 10분의 기적 아는 단어로 말하기

DAY 12 "나중에 다시 올게."

다시 오다 | come back

이미 알고 있는 단어 **come**(오다)과 **back**(다시)을 함께 써서 **"나중에 다시 올게."**라고 말할 수 있어요. **come back**은 지금 있는 곳에서 멀어졌다가 다시 오는 느낌이에요.

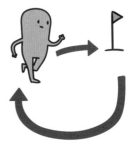

come(오다) + **back**(다시)
→ **다시 오다**

🔊 **come back**을 사용한 문장을 듣고 따라 말해보세요.

나중에 다시 올게.
I'll come back later.

<소스코드>에서

그는 다시 오지 않을 거야.
He's not **coming back**.

<브룩클린 나인-나인 시즌1>에서

나중에 다시 와줄래?
Could you **come back** later?

<니모를 찾아서>에서

🔊 이번에는 우리말만 보고 **come back**을 사용한 문장을 말해보세요.

| 나중에 **다시 올게**. | 🎤 I'll **come back** later. |

| 그는 **다시 오지** 않을 거야. | 🎤 |

| 나중에 **다시 와줄래**? | 🎤 |

🔊 **come back**을 사용한 실제 대화를 듣고 따라 말해보세요.

🎬 <소스코드>에서
더 도와줄 일이 있냐고 묻는 러틀리지에게

Rutledge Is there anything I can help you with?
제가 도와드릴 일이 있을까요?

Goodwin No, that's fine. I'll **come back** later.
아뇨, 괜찮아요. 나중에 다시 올게요.

해커스톡 영어회화 10분의 기적 아는 단어로 말하기

DAY 13 "가격표가 떨어졌어요."

떨어지다 | come off

이미 알고 있는 단어 **come**(오다)과 **off**(분리되어)를 함께 써서 **"가격표가 떨어졌어요."**라고 말할 수 있어요. **come off** 는 붙어있던 가격표나 포스터가 분리되어 나오는 느낌이에요.

come(오다) **+ off**(분리되어)
→ **떨어지다**

🔊 **come off** 를 사용한 문장을 듣고 따라 말해보세요.

가격표가 떨어졌어요.
The price tag has **come off**.

포스터가 벽에서 떨어졌어.
The poster has **come off** the wall.

이거 완전 쉽게 떨어지네.
It **comes off** really easy.

<밥스 버거스 시즌6>에서

🔊 이번에는 우리말만 보고 **come off**를 사용한 문장을 말해보세요.

가격표가 **떨어졌어요.**	🎤 The price tag has **come off**.
포스터가 벽에서 **떨어졌어.**	🎤
이거 완전 쉽게 **떨어지네.**	🎤

🔊 **come off**를 사용한 실제 대화를 듣고 따라 말해보세요.

💬 옷가게에서 옷의 가격을 물으며 직원에게
가격표가 떨어졌다고 말할 때

Lily   How much is this?   The price tag has **come off**.
이거 얼마예요?   가격표가 떨어졌어요.

Clerk   Oh, I'll check the price for you.
앗, 가격 확인해드릴게요.

보너스 Talk Talk!

"가격표가 **떨어졌어요.**"라고 말하고 싶을 때, fall(떨어지다)이 떠올랐나요? 이런 상황에서 미국인들은 **come off**를 가장 많이 써서 말한답니다.

- The price tag has fallen. → 바닥으로 방금 떨어진 것처럼 들려요.
- **The price tag has come off.** → '붙어있던 것이 떨어졌다'는 의미가 강조돼요.

무료 강의 및
MP3 바로 듣기

DAY 14 "한정판 가방 나왔어."

나오다 | come out

이미 알고 있는 단어 **come**(오다)과 **out**(밖으로)을 함께 써서 **"한정판 가방 나왔어."**라고 말할 수 있어요. **come out**은 신 상품이나 신작 영화처럼 새로 출시되는 것들이 세상 밖으로 나오 는 느낌이에요.

come(오다) + **out**(밖으로)
→ **나오다**

🔊 **come out**을 사용한 문장을 듣고 따라 말해보세요.

이 한정판 가방 오늘 나왔어.
This limited edition bag **came out** today.

신상 게임이 출시됐어.
A new game **came out**.

<블라인드 사이드>에서

그 영화 어제 개봉했어.
The movie **came out** yesterday.

🔊 이번에는 우리말만 보고 **come out**을 사용한 문장을 말해보세요.

| 이 한정판 가방 오늘 **나왔어**. | 🎤 | This limited edition bag **came out** today. |

| 신상 게임이 **출시됐어**. | 🎤 | |

| 그 영화 어제 **개봉했어**. | 🎤 | |

🔊 **come out**을 사용한 실제 대화를 듣고 따라 말해보세요.

💬 개봉 예정이었던 영화를 보고 싶어 한 릴리에게
그 영화가 개봉했다고 말할 때

James   **The movie come out yesterday.**
그 영화 어제 개봉했어.

Lily   **Really? Let's go see it tonight!**
정말? 오늘 밤에 보러 가자!

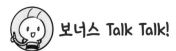 보너스 Talk Talk!

"한정판 가방 **나왔어**."에 쓰인 **come out**은 신상품이 나왔을 때뿐만 아니라 시험 점수처럼
결과가 나온다고 말할 때도 많이 쓰인답니다.

· **When do the test scores come out?**   시험 점수가 언제 나와?

무료 강의 및
MP3 바로 듣기

DAY 15 "내일 들를게."

들르다 | come over

이미 알고 있는 단어 **come**(오다)과 **over**(넘어)를 함께 써서 **"내일 들를게."**라고 말할 수 있어요. **come over**는 상대방을 우리 집이나 내가 있는 곳으로 잠깐 오도록 하는 느낌이에요.

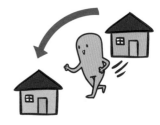

come(오다) **+ over**(넘어)
→ **들르다**

🔊 **come over** 를 사용한 문장을 듣고 따라 말해보세요.

내일 들를게.
I'll **come over** tomorrow.

<청바지 돌려 입기>에서

이따가 들러.
Come over later.

<프리티 리틀 라이어스 시즌2>에서

내일 들러도 돼?
Can I **come over** tomorrow?

<프렌즈 시즌2>에서

🔊 이번에는 우리말만 보고 **come over**를 사용한 문장을 말해보세요.

| 내일 **들를게**. | 🎤 I'll **come over** tomorrow. |

| 이따가 **들러**. | 🎤 |

| 내일 **들러도 돼**? | 🎤 |

🔊 **come over**를 사용한 실제 대화를 듣고 따라 말해보세요.

🎬 <프리티 리틀 라이어스 시즌2>에서
여기서 말하기 곤란해 보이는 아리아에게

Ezra   **Come over** later.
　　　 이따가 들러.

Aria   I can't tonight.
　　　 나 오늘 저녁엔 안돼.

 보너스 Talk Talk!

"내일 들를게."라고 말하고 싶을 때, visit(방문하다)이 떠올랐나요? 이런 상황에서 미국인들은
come over를 가장 많이 써서 말한답니다.

- I'll visit you tomorrow. → 공식적인 방문처럼 들려요.
- I'll **come over** tomorrow. → '가볍게 잠깐 들른다'는 의미가 강조돼요.

무료 강의 및
MP3 바로 듣기

DAY 16 "아무 생각도 안 나."

생각나다 | come to

이미 알고 있는 단어 **come**(오다)과 **to**(~에게)를 함께 써서 **"아무 생각도 안 나."**라고 말할 수 있어요. **come to**는 어떤 생각이 불현듯 갑자기 내게로 오는 느낌이에요.

come(오다) **+ to**(~에게)
→ **생각나다**

))) **come to**를 사용한 문장을 듣고 따라 말해보세요.

아무 생각도 안 나.
Nothing **comes to** mind.

생각나는 거 있어?
What **comes to** mind?

<스크럼>에서

그게 어떻게 생각난 거야?
How did it **come to** you?

🔊 이번에는 우리말만 보고 **come to** 를 사용한 문장을 말해보세요.

아무 생각도 안 나.	🎤 Nothing **comes to** mind.
생각나는 거 있어?	🎤
그게 어떻게 생각난 거야?	🎤

🔊 **come to** 를 사용한 실제 대화를 듣고 따라 말해보세요.

💬 저녁 뭐 먹을지 물어보는 제임스에게
아무 생각도 안 난다고 말할 때

James **Any ideas for dinner tonight?**
오늘 저녁 메뉴 아이디어 있어?

Claire **Nothing comes to mind.**
아무 생각도 안 나.

DAY 16

해커스톡 영어회화 10분의 기적 아는 단어로 말하기

무료 강의 및
MP3 바로 듣기

교재 본문 & 대화문 MP3 **HackersTalk.co.kr** 47

DAY 17
"크리스마스가 다가오고 있어."

다가오다 | come up

이미 알고 있는 단어 **come**(오다)과 **up**(가깝게)을 함께 써서 **"크리스마스가 다가오고 있어."**라고 말할 수 있어요. **come up**은 기다려 왔던 날이 점점 내게 가까워지는 듯한 느낌이에요.

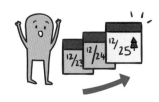

come(오다) **+ up**(가깝게)
→ **다가오다**

🔊 **come up**을 사용한 문장을 듣고 따라 말해보세요.

크리스마스가 다가오고 있어.
Christmas is coming up.

<히트>에서

내 생일이 다가오고 있어.
My birthday is coming up.

기말고사가 다가오고 있어.
Finals are coming up.

기말고사는 finals라고 해요.

<커뮤니티 시즌2>에서

🔊)) 이번에는 우리말만 보고 **come up** 을 사용한 문장을 말해보세요.

크리스마스가 **다가오고** 있어.	🎤 Christmas is **coming up**.

내 생일이 **다가오고** 있어. 🎤

기말고사가 **다가오고** 있어. 🎤

🔊)) **come up** 을 사용한 실제 대화를 듣고 따라 말해보세요.

💬 내 생일을 잊은 것 같은 릴리에게
생일이 다가온다는 것을 알려줄 때

James **My birthday is coming up.**
내 생일이 다가오고 있어.

Lily **Oh, that's right. I almost forgot.**
아, 맞다. 까먹을 뻔했네.

 보너스 Talk Talk!

"크리스마스가 **다가오고** 있어."라고 말하고 싶을 때, approach(접근하다)를 써서 말하기 쉬
운데요. 미국인들은 특정한 날짜가 가까워지는 느낌을 잘 살려주는 **come up**을 훨씬 더 많
이 써서 말한답니다.

· Christmas is approaching. ⤑ 덜 자연스러워요.
· **Christmas is coming up.** ⤑ 미국인들이 훨씬 더 많이 쓰는 표현이에요.

무료 강의 및
MP3 바로 듣기

DAY 18 "근사한 계획을 생각해냈어."

생각해내다 | come up with

이미 알고 있는 단어 **come**(오다)과 **up**(위로), **with**(~와 함께)를 함께 써서 **"근사한 계획을 생각해냈어."**라고 말할 수 있어요. **come up with**는 아이디어가 머리 위로 팡! 하고 올라온 듯 한 느낌이에요.

come(오다) + **up**(위로) + **with**(~와 함께)
→ **생각해내다**

🔊 **come up with**를 사용한 문장을 듣고 따라 말해보세요.

우리가 근사한 계획을 생각해냈어.
We **came up with** an awesome plan.

<스트레스를 부르는 그 이름 직장상사 2>에서

이거 내가 생각해냈어.
I **came up with** it.

<가십걸 시즌5>에서

너 이걸 어떻게 생각해낸 거야?
How did you **come up with** this?

<어메이징 스파이더맨>에서

🔊 이번에는 우리말만 보고 **come up with**를 사용한 문장을 말해보세요.

| 우리가 근사한 계획을 **생각해냈어.** | 🎤 | We **came up with** an awesome plan. |

| 이거 내가 **생각해냈어.** | 🎤 |

| 너 이걸 어떻게 **생각해낸** 거야? | 🎤 |

🔊 **come up with**를 사용한 실제 대화를 듣고 따라 말해보세요.

🎬 <가십걸 시즌5>에서
계획을 듣고 칭찬하는 댄에게

Dan
It sounds like a perfect plan.
완벽한 계획처럼 들리네.

Blair
Of course it is. I **came up with** it.
당연하지. 이거 내가 생각해낸 거잖아.

 보너스 Talk Talk!

"근사한 계획을 **생각해냈어.**"라고 말하고 싶을 때, think(생각하다)를 써서 말하기 쉬운데요. 미국인들은 새로운 아이디어를 생각해낸 느낌을 잘 살려주는 **come up with**를 훨씬 더 많이 써서 말한답니다.

- We thought of an awesome plan. → 무미건조하게 들려요.
- **We came up with an awesome plan.** → 미국인들이 훨씬 더 많이 쓰는 표현이에요.

무료 강의 및
MP3 바로 듣기

 아는 단어 look

look은 '**보다**'라는 뜻으로 잘 알고 계실 거예요. look은 눈동자를 이리저리 굴리며 주변을 보는 단어예요. 이미 알고 있었던 단어 look을 사용한 표현을 통해 지금부터 미국인처럼 자연스럽게 말해봐요.

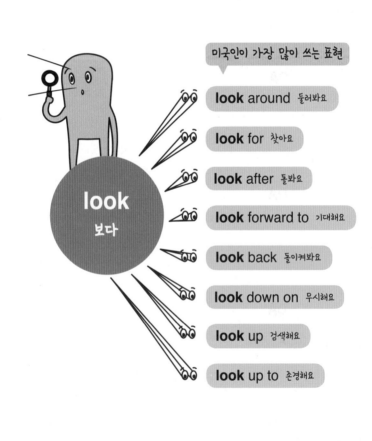

미국인이 가장 많이 쓰는 표현

look around 둘러봐요

look for 찾아요

look after 돌봐요

look forward to 기대해요

look back 돌이켜봐요

look down on 무시해요

look up 검색해요

look up to 존경해요

look
보다

DAY 19 "둘러봐도 될까?"

둘러보다 | look around

이미 알고 있는 단어 **look**(보다)과 **around**(여기저기)를 함께
써서 "둘러봐도 될까?"라고 말할 수 있어요. **look around**는
주위를 돌아다니면서 고개를 돌리며 여기저기 살피는 느낌이에요.

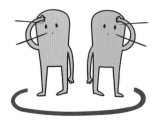

look(보다) **+ around**(여기저기)
→ **둘러보다**

🔊) **look around**를 사용한 문장을 듣고 따라 말해보세요.

둘러봐도 될까?
Mind if I **look around**?

> Do you mind if I look around?를
> 이렇게 간단하게 말할 수 있어요.

<나를 찾아줘>에서

그냥 둘러보는 중이야.
I'm just **looking around**.

<The O.C. 시즌3>에서

구경해보자.
Let's **look around**.

<섹스 앤 더 시티>에서

🔊) 이번에는 우리말만 보고 **look around** 를 사용한 문장을 말해보세요.

| 둘러봐도 **될까**? | 🎤 | Mind if I **look around**? |

| 그냥 **둘러보는** 중이야. | 🎤 | |

| **구경해보자**. | 🎤 | |

🔊) **look around** 를 사용한 실제 대화를 듣고 따라 말해보세요.

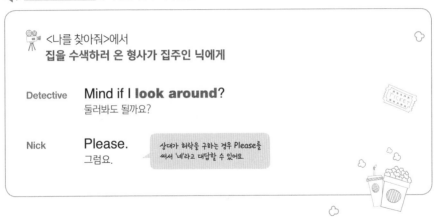

🎥 <나를 찾아줘>에서
집을 수색하러 온 형사가 집주인 닉에게

Detective **Mind if I look around?**
둘러봐도 될까요?

Nick **Please.**
그럼요.

상대가 허락을 구하는 경우 Please를
써서 '네'라고 대답할 수 있어요.

무료 강의 및
MP3 바로 듣기

DAY 20 "뭐 찾아?"

찾다 | look for

이미 알고 있는 단어 **look**(보다)과 **for**(~을 위해)를 함께 써서 **"뭐 찾아?"**라고 말할 수 있어요. **look for**는 필요한 뭔가를 이리저리 찾아보는 느낌이에요.

look(보다) **+ for**(~을 위해)
→ 찾다

🔊 **look for**를 사용한 문장을 듣고 따라 말해보세요.

뭐 찾아?
What are you **looking for**?

<위 베어 베어스 시즌2>에서

나 일자리를 찾고 있어.
I'm **looking for** a job.

나 리모컨 찾고 있어.
I'm **looking for** the remote control.

이번에는 우리말만 보고 **look for**를 사용한 문장을 말해보세요.

뭐 찾아?	🎤 What are you **looking for**?

나 일자리를 찾고 있어. 🎤

나 리모컨 찾고 있어. 🎤

 look for를 사용한 실제 대화를 듣고 따라 말해보세요.

🎬 <위 베어 베어스 시즌2>에서
벼룩시장에서 물건을 구경하는 판다에게

Seller **What are you looking for?**
뭐 찾으세요?

Panda Oh, um… Nothing really. I'm just looking.
아, 음… 아무것도 아니에요. 그냥 보고 있어요.

 보너스 Talk Talk!

"뭐 찾아?"라고 말하고 싶을 때, find(발견하다)가 떠올랐나요? 이런 상황에서 미국인들은 **look for**를 가장 많이 써서 말한답니다.

- What are you finding? ➔ 문법적으로 옳지 않아요.
- **What are you looking for?** ➔ '필요한 것을 찾는다'는 의미가 정확하게 전달돼요.

무료 강의 및
MP3 바로 듣기

교재 본문 & 대화문 MP3 **HackersTalk.co.kr** **57**

DAY 21 "애들 좀 돌봐줘."

미국인이 가장 많이 쓰는 표현 100

돌보다 | look after

이미 알고 있는 단어 **look**(보다)과 **after**(뒤에서)를 함께 써서
"애들 좀 돌봐줘."라고 말할 수 있어요. **look after**는 아이가
잘 놀고 있는지 뒤에서 지켜보면서 챙겨주는 느낌이에요.

look(보다) **+ after**(뒤에서)
→ **돌보다**

🔊 **look after**를 사용한 문장을 듣고 따라 말해보세요.

애들 좀 돌봐줘.
Look after the children.

<바다독>에서

우리 고양이 좀 봐줄 수 있어?
Can you **look after** my cat?

가족들 좀 챙겨줘.
Look after the family.

<패밀리 가이 시즌4>에서

🔊)) 이번에는 우리말만 보고 **look after**를 사용한 문장을 말해보세요.

애들 좀 **돌봐줘**.   🎤 **Look after** the children.

우리 고양이 좀 **봐줄** 수 있어?   🎤

가족들 좀 **챙겨줘**.   🎤

🔊)) **look after**를 사용한 실제 대화를 듣고 따라 말해보세요.

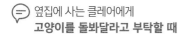

(=) 옆집에 사는 클레어에게
고양이를 돌봐달라고 부탁할 때

Tom   Can you **look after** my cat?
우리 고양이 좀 봐줄 수 있어?

Claire   Sure. Are you going on a trip?
그럼. 너 여행 가?

 보너스 Talk Talk!

"애들 좀 **돌봐줘**."라고 말하고 싶을 때, take care of(돌보다)를 써서 말하기 쉬운데요. 미국인들은 아이들을 잠깐 봐달라고 말할 때 **look after**를 훨씬 더 많이 써서 말한답니다.

· Take care of the children. → 오랫동안 애들을 돌봐달라는 진지한 느낌이에요.
· **Look after the children.** → '잠깐만 챙겨준다'는 의미가 강조돼요.

무료 강의 및
MP3 바로 듣기

DAY 11 "휴가가 기대돼."

기대하다 | look forward to

이미 알고 있는 단어 **look**(보다)과 **forward**(앞으로), **to**(~ 쪽으로)를 함께 써서 "**휴가가 기대돼.**"라고 말할 수 있어요. **look forward to**는 즐거운 마음으로 앞으로 일어날 일을 손꼽아 기다리는 느낌이에요.

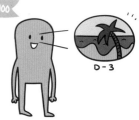

look(보다) **+ forward**(앞으로) **+ to**(~ 쪽으로)
→ **기대하다**

🔊 **look forward to**를 사용한 문장을 듣고 따라 말해보세요.

휴가가 기대돼.
I'm **looking forward to** my vacation.

토요일이 기대돼.
I'm **looking forward to** Saturday.

<마릴린 먼로와 함께한 일주일>에서

걔 만나는 걸 기대할게.
I **look forward to** meeting him.

<왕좌의 게임 시즌2>에서

이번에는 우리말만 보고 **look forward to**를 사용한 문장을 말해보세요.

| 휴가가 **기대돼**. | I'm **looking forward to** my vacation. |

| 토요일이 **기대돼**. | |

| 걔 만나는 걸 **기대할게**. | |

 look forward to를 사용한 실제 대화를 듣고 따라 말해보세요.

> 여름 계획을 묻는 제임스에게
> **휴가가 기대된다고 말할 때**

James
: Where are you going this summer?
: 이번 여름에 어디 가?

Lily
: Spain! I'm **looking forward to** my vacation.
: 스페인! 휴가가 기대돼.

 보너스 Talk Talk!

"휴가가 **기대돼**."라고 말하고 싶을 때, **expect**(기대하다)를 써서 말하기 쉬운데요. 미국인들은 즐겁게 기다리는 느낌을 잘 살려주는 **look forward to**를 훨씬 더 많이 써서 말한답니다.

- I'm **expecting** my vacation. → 덜 자연스러워요.
- I'm **looking forward to** my vacation. → 미국인들이 훨씬 더 많이 쓰는 표현이에요.

 무료 강의 및
MP3 바로 듣기

DAY 23
"이제 와 돌이켜보니…"

돌이켜보다 | look back

이미 알고 있는 단어 **look**(보다)과 **back**(뒤로)을 함께 써서 **"이제 와 돌이켜보니…"**라고 말할 수 있어요. **look back**은 과거에 지나온 길을 되돌아보며 생각에 잠기는 듯한 느낌이에요.

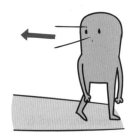

look(보다) **+ back**(뒤로)
→ **돌이켜보다**

🔊 **look back**을 사용한 문장을 듣고 따라 말해보세요.

이제 와 **돌이켜보니**, 나 실수했던 것 같아.
Looking back now, I think I made a mistake.

돌이켜보지 마.
Don't **look back**.

> 지난 일에 대해 미련을 갖지 말라는 의미로 말할 수 있어요.

<인 디 에어>에서

작년을 **돌이켜봐**.
Look back over the last year.

이번에는 우리말만 보고 **look back**을 사용한 문장을 말해보세요.

이제 와 **돌이켜보니**, 나 실수했던 것 같아.	🎤 **Looking back** now, . . .

돌이켜보지 마.	🎤

작년을 **돌이켜봐**.	🎤

 look back을 사용한 실제 대화를 듣고 따라 말해보세요.

💬 직장을 그만둔 것을 후회하는지 묻는 클레어에게
돌이켜보니 그렇다고 말할 때

Claire   Do you regret quitting your job?
직장 그만둔 것 후회해?

Tom   **Looking back** now, I think I made a mistake.
이제 와 돌이켜보니, 나 실수했던 것 같아.

무료 강의 및
MP3 바로 듣기

DAY 24 "나 무시하지 마."

무시하다 | look down on

이미 알고 있는 단어 **look**(보다)과 **down**(아래로), **on**(~에 대해)을 함께 써서 **"나 무시하지 마."**라고 말할 수 있어요. **look down on**은 누군가를 깔보는 느낌이에요.

look(보다) **+ down**(아래로) **+ on**(~에 대해)
→ **무시하다**

🔊 **look down on**을 사용한 문장을 듣고 따라 말해보세요.

나 무시하지 마.
Don't **look down on** me.

걘 우릴 너무 무시해.
He **looks down on** us too much.

다른 사람을 무시하면 안 돼.
You shouldn't **look down on** other people.

🔊 이번에는 우리말만 보고 **look down on**을 사용한 문장을 말해보세요.

나 **무시하지** 마.	🎤 Don't **look down on** me.

갠 우릴 너무 **무시해**.	🎤

다른 사람을 **무시하면** 안 돼.	🎤

🔊 **look down on**을 사용한 실제 대화를 듣고 따라 말해보세요.

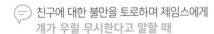

💬 친구에 대한 불만을 토로하며 제임스에게
개가 우릴 무시한다고 말할 때

Lily   He **looks down on** us too much.
갠 우릴 너무 무시해.

James   He's always like that.
갠 맨날 그런 식이야.

 보너스 Talk Talk!

"나 **무시하지** 마."라고 말하고 싶을 때, ignore(무시하다)가 떠올랐나요? 이런 상황에서 미국인들은 **look down on**을 가장 많이 써서 말한답니다.

- Don't ignore me. → '날 투명인간 취급하지 마.'라는 의미예요.
- **Don't look down on me.** → '깔본다'는 의미가 정확하게 전달돼요.

무료 강의 및
MP3 바로 듣기

DAY 25 "인터넷에 검색해봐."

검색하다 | look up

이미 알고 있는 단어 **look**(보다)과 **up**(나타나서)을 함께 써서 "인터넷에 검색해봐."라고 말할 수 있어요. **look up**은 원하는 정보가 나타나도록 자료를 찾아보는 느낌이에요.

look(보다) + **up**(나타나서)
→ **검색하다**

🔊 **look up**을 사용한 문장을 듣고 따라 말해보세요.

그거 인터넷에 검색해봐.
Look it **up** on the Internet.

> 찾고자 하는 것을 look과 up 사이에 넣어 말하면 자연스러워요.

<패밀리 가이 시즌2>에서

페이스북에서 나 검색해봐.
Look me **up** on Facebook.

<플리즈 라이크 미 시즌2>에서

나 그거 사전에서 찾아봤어.
I looked it **up** in the dictionary.

<터네이셔스 D>에서

🔊 이번에는 우리말만 보고 **look up**을 사용한 문장을 말해보세요.

| 그거 인터넷에 **검색해봐**. | 🎤 | **Look** it **up** on the Internet. |

| 페이스북에서 나 **검색해봐**. | 🎤 |

| 나 그거 사전에서 **찾아봤어**. | 🎤 |

🔊 **look up**을 사용한 실제 대화를 듣고 따라 말해보세요.

🎬 <플리즈 라이크 미 시즌2>에서
할 말 있으면 페이스북 메시지를 보내라며 아놀드에게

Josh **Look** me **up** on Facebook.
페이스북에서 나 검색해봐.

Arnold I don't have Facebook . . .
나 페이스북 없어…

 보너스 Talk Talk!

"인터넷에 **검색해봐**."라고 말하고 싶을 때, search(검색하다)를 써서 말하기 쉬운데요. 미국인들은 가볍게 검색해보는 느낌을 잘 살려주는 **look up**을 훨씬 더 많이 써서 말한답니다.

· Search on the Internet. → 진지하게 들려요.
· **Look it up on the Internet.** → 미국인들이 훨씬 더 많이 쓰는 표현이에요.

무료 강의 및
MP3 바로 듣기

DAY 26 "난 부모님을 존경해."

존경하다 | look up to

이미 알고 있는 단어 **look**(보다)과 **up**(위로), **to**(~ 쪽으로)를 함께
써서 **"난 부모님을 존경해."**라고 말할 수 있어요. **look up to**
는 '우러러보다'라는 우리말 표현처럼 윗사람을 공경하거나 높이
평가한다는 느낌이에요.

look(보다) **+ up**(위로) **+ to**(~ 쪽으로)
→ **존경하다**

🔊 **look up to**를 사용한 문장을 듣고 따라 말해보세요.

난 부모님을 존경해.
I look up to my parents.

나 그분 존경해.
I look up to her.

사람들은 그를 존경했어.
People **looked up to** him.

<오명>에서

🔊 이번에는 우리말만 보고 **look up to**를 사용한 문장을 말해보세요.

| 난 부모님을 존경해. | 🎤 I **look up to** my parents. |

| 나 그분 존경해. | 🎤 |

| 사람들은 그를 존경했어. | 🎤 |

🔊 **look up to**를 사용한 실제 대화를 듣고 따라 말해보세요.

💬 내가 좋아하는 작가에 대해 말하는 릴리에게
그 작가를 존경한다고 말할 때

Lily **You really like that author.**
너 그 작가 정말 좋아하는구나.

James **It's more than that. I look up to her.**
그것보다 더해. 나 그분 존경해.

무료 강의 및
MP3 바로 듣기

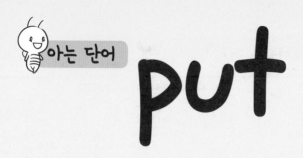

put

put은 **'놓다'**라는 뜻으로 잘 알고 계시죠? put은 물건이나 사람을 어떤 위치나 상황에 놓을 수 있는 단어예요.
이미 알고 있었던 단어 put을 사용한 표현을 통해 지금부터 미국인처럼 자연스럽게 말해봐요.

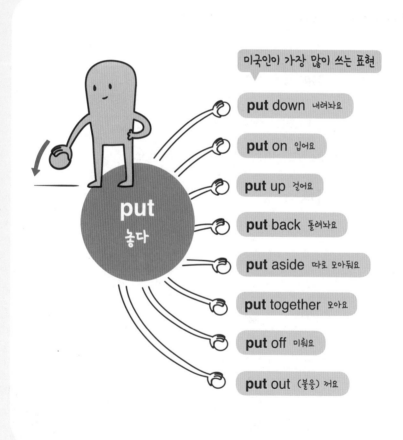

미국인이 가장 많이 쓰는 표현

put down 내려놔요

put on 입어요

put up 걸어요

put back 돌려놔요

put aside 따로 모아둬요

put together 모아요

put off 미뤄요

put out (불을) 꺼요

put
놓다

DAY 27 "그거 내려놔."

내려놓다 | put down

이미 알고 있는 단어 **put**(놓다)과 **down**(아래로)을 함께 써서
"그거 내려놔."라고 말할 수 있어요. **put down**은 아래쪽에
물건을 놓는 느낌이에요.

put(놓다) **+ down**(아래로)
→ 내려놓다

🔊 **put down**을 사용한 문장을 듣고 따라 말해보세요.

그거 내려놔.
Put that down.

> 내려놓을 물건을 put과 down 사이에
> 넣어 말하면 자연스러워요.

<셜록홈즈: 그림자 게임>에서

그 책 내려놔.
Put the book down.

<나우 유 씨 미>에서

여기다 가방 좀 내려놔도 돼?
Can I put this bag down here?

<더 게임>에서

🔊) 이번에는 우리말만 보고 **put down**을 사용한 문장을 말해보세요.

그거 내려놔.	🎤 **Put** that **down**.

그 책 내려놔.	🎤

여기다 가방 좀 **내려놔도** 돼?	🎤

🔊) **put down**을 사용한 실제 대화를 듣고 따라 말해보세요.

🎬 <셜록홈즈: 그림자 게임>에서
물건을 함부로 만지는 셜록에게

Mycroft **Put** that **down**.
그거 내려놔.

Sherlock What is this? May I have it?
이게 뭐야? 나 이거 가져도 돼?

무료 강의 및
MP3 바로 듣기

DAY 28 "나 오늘 정장 입었어."

입다 | put on

이미 알고 있는 단어 **put**(놓다)과 **on**(위에)을 함께 써서 "나 오늘 정장 입었어."라고 말할 수 있어요. **put on**은 옷을 내 몸 위에 올려놓는 느낌이에요.

put(놓다) **+ on**(위에)
→ **입다**

🔊 **put on**을 사용한 문장을 듣고 따라 말해보세요.

나 오늘 정장 입었어.
Today, I **put on** a suit.

<오드 커플 시즌1>에서

코트 입어.
Put on your coat.

장갑 껴.
Put on your gloves.

> put on은 장갑을 낄 때나 신발을 신을 때도 쓸 수 있어요.

🔊 이번에는 우리말만 보고 **put on**을 사용한 문장을 말해보세요.

나 오늘 정장 **입었어**.	🎤 Today, I **put on** a suit.

코트 **입어**.	🎤

장갑 **껴**.	🎤

🔊 **put on**을 사용한 실제 대화를 듣고 따라 말해보세요.

💬 바람 쐬러 나가려는 제임스에게
추우니 코트를 입으라고 말할 때

James   I need to get some air.
바람 좀 쐬어야겠어.

Lily   **Put on** your coat.   It's cold outside.
코트 입어.   밖에 추워.

보너스 Talk Talk!

"나 오늘 정장 **입었어**."에 쓰인 **put on**은 옷을 입을 때뿐만 아니라 화장을 할 때도 많이 쓰인답니다.

· **I was putting on my makeup.**   나 화장하고 있었어.

무료 강의 및
MP3 바로 듣기

DAY 29 "사진 저기에 걸자."

걸다 | put up

이미 알고 있는 단어 **put**(놓다)과 **up**(위로)을 함께 써서 "사진 저기에 걸자."라고 말할 수 있어요. **put up**은 모든 사람에게 잘 보이도록 사진이나 포스터 같은 것을 게시하는 느낌이에요.

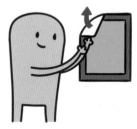

put(놓다) + **up**(위로)
→ **걸다**

🔊 **put up**을 사용한 문장을 듣고 따라 말해보세요.

이 사진 저기에 걸자.
Let's put up this picture over there.

우리 영화 포스터 걸고 있어.
We're putting up a movie poster.

<사우스파크 시즌16>에서

공지를 게시하는 게 어때?
Why don't you put up a notice?

> put up은 게시판에 공지를 걸 때도 쓴답니다.

<인 더 컷>에서

이번에는 우리말만 보고 **put up**을 사용한 문장을 말해보세요.

| 이 사진 저기에 **걸자**. | 🎤 | Let's **put up** this picture over there. |

| 우리 영화 포스터 **걸고** 있어. | 🎤 |

| 공지를 **게시하는** 게 어때? | 🎤 |

 put up을 사용한 실제 대화를 듣고 따라 말해보세요.

 <사우스파크 시즌16>에서
뭐 하고 있는지 묻는 카일에게

Kyle   What are you doing?
뭐 하고 있는 거야?

Eric   We're **putting up** a movie poster.
우리 영화 포스터 걸고 있어.

무료 강의 및
MP3 바로 듣기

DAY 30

"제자리에 돌려놔."

돌려놓다 | put back

이미 알고 있는 단어 **put**(놓다)과 **back**(다시)을 함께 써서 **"제자리에 돌려놔."**라고 말할 수 있어요. **put back**은 내가 가지고 왔던 물건을 원래 있던 자리에 다시 놓는 느낌이에요.

put(놓다) + **back**(다시)
→ **돌려놓다**

🔊 **put back**을 사용한 문장을 듣고 따라 말해보세요.

제자리에 돌려놔.
Put it back.

돌려놓을 물건을 put과 back 사이에
넣어 말하면 자연스러워요.

<캐리비안의 해적: 낯선 조류>에서

그거 제자리에 돌려놓는 게 좋을걸.
You better **put** that **back**.

<프리티 리틀 라이어스 시즌1>에서

그 우유는 냉장고에 다시 넣어놔.
Put the milk **back** in the fridge.

🔊)) 이번에는 우리말만 보고 **put back**을 사용한 문장을 말해보세요.

| 제자리에 **돌려놔.** | 🎤 | **Put** it **back.** |

그거 제자리에 **돌려놓는** 게 좋을걸. 🎤

그 우유는 냉장고에 **다시 넣어놔.** 🎤

🔊)) **put back**을 사용한 실제 대화를 듣고 따라 말해보세요.

📽️ <프리티 리틀 라이어스 시즌1>에서
함부로 물건을 만지는 스펜서에게

Toby   **You better put that back.**
          그거 제자리에 돌려놓는 게 좋을걸.

Spencer   **Oh, I'm sorry.**
          앗, 미안해.

무료 강의 및
MP3 바로 듣기

DAY 31 "돈 좀 따로 모아두자."

따로 모아두다 | put aside

이미 알고 있는 단어 **put**(놓다)과 **aside**(한쪽으로)를 함께 써서 **"돈 좀 따로 모아두자."**라고 말할 수 있어요. **put aside**는 다른 목적을 위해 돈이나 시간의 일부를 따로 치워놓는 느낌이에요.

put(놓다) **+ aside**(한쪽으로)
→ 따로 모아두다

🔊 **put aside**를 사용한 문장을 듣고 따라 말해보세요.

돈 좀 따로 모아두자.
Let's **put aside** some money.

난 월급의 일부를 따로 모아둬.
I **put aside** part of my salary.

그 회의를 위해 시간 좀 비울 수 있어?
Can you **put aside** some time for the meeting?

put aside는 다른 일을 하기 위해 시간을 내달라고 할 때도 써요.

🔊 이번에는 우리말만 보고 **put aside**를 사용한 문장을 말해보세요.

| 돈 좀 **따로 모아두자**. | 🎙 Let's **put aside** some money. |

| 난 월급의 일부를 **따로 모아둬**. | 🎙 |

| 그 회의를 위해 시간 좀 **비울** 수 있어? | 🎙 |

🔊 **put aside**를 사용한 실제 대화를 듣고 따라 말해보세요.

💬 저축하고 있는지 물어보는 릴리에게
월급의 일부를 따로 모은다고 말할 때

Lily   Are you saving money?
        너 저축하고 있어?

James   Yeah. I **put aside** part of my salary.
        응.   난 월급의 일부를 따로 모아둬.

무료 강의 및
MP3 바로 듣기

DAY 32 "팀을 모으고 있어."

모으다 | put together

이미 알고 있는 단어 **put**(놓다)과 **together**(함께)를 함께 써서 **"팀을 모으고 있어."**라고 말할 수 있어요. **put together**는 여기저기 흩어져있는 사람들을 한데로 함께 모아놓는 느낌이에요.

put(놓다) **+ together**(함께)
→ **모으다**

🔊 **put together**를 사용한 문장을 듣고 따라 말해보세요.

나 팀을 모으고 있어.
I'm putting together a team.

<맥그루버>에서

우린 팀을 만들 수 있어.
We can put together a team.

네가 그룹을 결성한다는 걸 들었어.
I heard you're putting together a group.

이번에는 우리말만 보고 **put together**를 사용한 문장을 말해보세요.

| 나 팀을 <u>모으고</u> 있어. | 🎤 I'm **putting together** a team. |

| 우린 팀을 <u>만들</u> 수 있어. | 🎤 |

| 네가 그룹을 <u>결성한다는</u> 걸 들었어. | 🎤 |

🔊 **put together**를 사용한 실제 대화를 듣고 따라 말해보세요.

🎬 <맥그루버>에서
팀원이 되어달라며 프랭크에게

MacGruber   I need you.   I'm **putting together** a team.
          난 네가 필요해.   나 팀을 모으고 있어.

Frank   Then, I'm in.
       그럼, 나도 낄게.

 보너스 Talk Talk!

"팀을 **모으고** 있어."에 쓰인 **put together**는 사람을 모을 때뿐만 아니라 부품을 조립할 때도 많이 쓰인답니다.

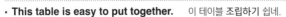

· **This table is easy to put together.**   이 테이블 조립하기 쉽네.

무료 강의 및
MP3 바로 듣기

DAY 33 "약속 좀 뒤로 미루자."

미루다 | **put off**

이미 알고 있는 단어 **put**(놓다)과 **off**(떨어트려)를 함께 써서 **"약속 좀 뒤로 미루자."**라고 말할 수 있어요. **put off**는 일정을 원래 계획했던 날짜로부터 멀리 떨어트려 놓는 듯한 느낌이에요.

put(놓다) **+ off**(떨어트려)
→ **미루다**

🔊 **put off**를 사용한 문장을 듣고 따라 말해보세요.

오늘 저녁 약속 좀 뒤로 미루자.
Let's put off our dinner tonight.

이 일을 더 이상 미룰 수 없어.
I can't put it **off** any longer.

<넥스트>에서

나 공부를 너무 오래 미뤄뒀어.
I've put off studying too long.

🔊 이번에는 우리말만 보고 **put off** 를 사용한 문장을 말해보세요.

오늘 저녁 약속 좀 뒤로 **미루자**.　🎤 Let's **put off** our dinner tonight.

이 일을 더 이상 **미룰 수 없어**.　🎤

나 공부를 너무 오래 **미뤄뒀어**.　🎤

🔊 **put off** 를 사용한 실제 대화를 듣고 따라 말해보세요.

🎥 <넥스트>에서
할 일이 있어 떠나야 한다고 말하며 여자친구 리즈에게

Cris　I can't **put** it **off** any longer.
이 일을 더 이상 미룰 수 없어.

Liz　Are you coming back?
너 돌아오긴 할 거야?

 보너스 Talk Talk!

"약속 좀 뒤로 **미루자**."라고 말하고 싶을 때, delay(지연하다)를 써서 말하기 쉬운데요. 미국인들은 가볍게 약속한 날짜를 미루는 느낌을 잘 살려주는 **put off**를 훨씬 더 많이 써서 말한답니다.

· Let's delay our dinner tonight.　→ 자연스럽지 않아요.
· **Let's put off our dinner tonight.**　→ 미국인들이 훨씬 더 많이 쓰는 표현이에요.

무료 강의 및
MP3 바로 듣기

DAY 34

"담배 좀 꺼주실래요?"

(불을) 끄다 | put out

이미 알고 있는 단어 **put**(놓다)과 **out**(꺼진)을 함께 써서 **"담배 좀 꺼주실래요?"**라고 말할 수 있어요. **put out**은 불이나 전등을 꺼진 상태에 놓는 느낌이에요.

put(놓다) **+ out**(꺼진)
→ **(불을) 끄다**

🔊 **put out**을 사용한 문장을 듣고 따라 말해보세요.

담배 좀 꺼주실래요?
Could you **put out** your cigarette, please?

<그린 북>에서

촛불 끄는 거 잊지 마.
Don't forget to **put out** the candles.

그 사람이 캠프파이어를 껐어.
He **put out** the campfire.

이번에는 우리말만 보고 **put out**을 사용한 문장을 말해보세요.

담배 좀 **꺼주실래요?** 🎤 Could you **put out** your cigarette, please?

촛불 **끄는** 거 잊지 마. 🎤

그 사람이 캠프파이어를 **껐어.** 🎤

🔊 **put out**을 사용한 실제 대화를 듣고 따라 말해보세요.

🎬 <그린 북>에서
차에서 담배 피우는 토니에게

Donald **Could you put out your cigarette, please?**
담배 좀 꺼주실래요?

Tony **Why should I do that?**
제가 왜 그래야 하죠?

 보너스 Talk Talk!

"담배 좀 **꺼주실래요?**"라고 말하고 싶을 때, extinguish(진화하다)를 써서 말하기 쉬운데요.
미국인들은 불씨를 꺼트리는 느낌을 잘 살려주는 **put out**을 훨씬 더 많이 써서 말한답니다.

• Could you extinguish your cigarette, please? → 자연스럽지 않아요.
• **Could you put out your cigarette, please?** → 훨씬 더 많이 쓰는 표현이에요.

무료 강의 및
MP3 바로 듣기

아는 단어 take

take는 **'잡다'**라는 뜻으로 잘 알려져 있어요. 그런데 take는 잡은 것을 당겨서 가져올 수도 있어서 **'가져오다'**라는 의미도 있답니다. 이미 알고 있었던 단어 take를 사용한 표현을 통해 미국인처럼 자연스럽게 말할 수 있어요.

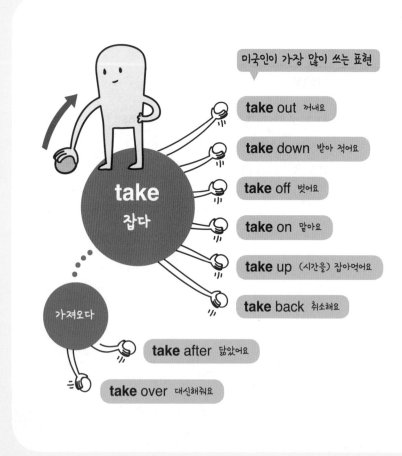

미국인이 가장 많이 쓰는 표현

take out 꺼내요

take down 받아 적어요

take off 벗어요

take on 맡아요

take up (시간을) 잡아먹어요

take back 취소해요

take after 닮았어요

take over 대신해줘요

take
잡다

가져오다

DAY 35 "연필 꺼내."

꺼내다 | take out

이미 알고 있는 단어 **take**(잡다)와 **out**(밖으로)을 함께 써서 **"연필 꺼내."**라고 말할 수 있어요. **take out**은 가방 안에 들어있는 물건을 잡아서 밖으로 꺼내는 느낌이에요.

take(잡다) **+ out**(밖으로)
→ **꺼내다**

🔊 **take out**을 사용한 문장을 듣고 따라 말해보세요.

연필 꺼내.
Take out your pencils.

<패밀리 가이 시즌2>에서

휴대폰 꺼내서 걔한테 전화해.
Take out your phone and call him.

<드라이브 앵그리 3D>에서

유심 카드 좀 꺼내줄 수 있어?
Can you **take out** the SIM card?

유심 카드는
SIM card라고 해요.

🔊 이번에는 우리말만 보고 **take out**을 사용한 문장을 말해보세요.

연필 **꺼내.**	🎤 **Take out** your pencils.

휴대폰 **꺼내서** 걔한테 전화해.	🎤

유심 카드 좀 **꺼내줄** 수 있어?	🎤

🔊 **take out**을 사용한 실제 대화를 듣고 따라 말해보세요.

🎬 <패밀리 가이 시즌2>에서
시험을 시작하기 전에 학생들에게

McCloud　**Take out** your pencils,　and start your test.
연필 꺼내,　그리고 시험 시작해라.

Chris　Mr. McCloud, I didn't study for the test.
맥클라우드 선생님, 저 시험공부 안 했어요.

 보너스 Talk Talk!

"연필 **꺼내.**"에 쓰인 **take out**은 물건을 꺼낼 때뿐만 아니라 쓰레기를 버린다고 말할 때도 많이 쓰인답니다. 쓰레기통에서 쓰레기를 꺼내서 밖에 버리는 느낌이에요.
....
· **Thanks for taking out the garbage.**　쓰레기 버려줘서 고마워.

무료 강의 및
MP3 바로 듣기

DAY 36 "번호 좀 받아 적을게."

받아 적다 | take down

이미 알고 있는 단어 **take**(잡다)와 **down**(아래로)을 함께 써서 **"번호 좀 받아 적을게."** 라고 말할 수 있어요. **take down**은 남이 불러주는 내용을 듣고 종이에 쭉쭉 적어 내려가는 느낌이에요.

take(잡다) **+ down**(아래로)
→ 받아 적다

🔊 **take down**을 사용한 문장을 듣고 따라 말해보세요.

네 번호 좀 받아 적을게.
Let me **take down** your phone number.

주소 받아 적었어.
I **took down** the address.

자세한 것까지 다 받아 적었어?
Did you **take down** all the details?

이번에는 우리말만 보고 **take down**을 사용한 문장을 말해보세요.

| 네 번호 좀 **받아 적을게**. | 🎤 | Let me **take down** your phone number. |

| 주소 **받아 적었어**. | 🎤 | |

| 자세한 것까지 다 **받아 적었어**? | 🎤 | |

 take down을 사용한 실제 대화를 듣고 따라 말해보세요.

> 💬 고객의 전화를 받았다는 톰에게
> **자세히 메모했냐고 물을 때**

Tom The client called and explained the problem.
그 고객이 전화해서 문제에 대해 설명해줬어.

Lily Did you **take down** all the details?
자세한 것까지 다 받아 적었어?

보너스 Talk Talk!

"번호 좀 **받아 적을게**."라고 말하고 싶을 때, **write**(쓰다)가 떠올랐나요? 이런 상황에서 미국인들은 **take down**을 가장 많이 써서 말한답니다.

무료 강의 및
MP3 바로 듣기

- Let me write your phone number. → 전화번호를 이미 알고 있다고 오해할 수 있어요.
- **Let me take down your phone number.** → '받아적는다'는 의미가 강조돼요.

DAY 37 "신발 좀 벗어줘."

벗다 | take off

이미 알고 있는 단어 **take**(잡다)와 **off**(분리되어)를 함께 써서 **"신발 좀 벗어줘."**라고 말할 수 있어요. **take off**는 내 몸에 붙어있던 옷이나 신발을 잡아서 나에게서 분리시키는 느낌이에요.

take(잡다) + **off**(분리되어)
→ 벗다

🔊 **take off**를 사용한 문장을 듣고 따라 말해보세요.

신발 좀 벗어줘.
Please take your shoes off.

<안투라지 시즌5>에서

재킷 좀 벗을게.
Let me take this jacket off.

<펄프 픽션>에서

안경 벗지 마.
Don't take off your glasses.

> 벗으려고 하는 신발, 옷, 안경을
> take off 뒤에 넣어 말해도 좋아요.

🔊 이번에는 우리말만 보고 **take off**를 사용한 문장을 말해보세요.

신발 좀 **벗어줘**.   🎤   Please **take** your shoes **off**.

재킷 좀 **벗을게**.   🎤

안경 **벗지 마**.   🎤

🔊 **take off**를 사용한 실제 대화를 듣고 따라 말해보세요.

🎥 <안투라지 시즌5>에서
빈센트를 만나러 집에 온 터틀에게

Turtle   I'm here to meet Vincent.
             빈센트를 만나러 왔는데요.

Butler   Come in.   Please **take** your shoes **off**.
             들어오세요.   신발 좀 벗어주세요.

무료 강의 및
MP3 바로 듣기

DAY 38
"엄마를 쏙 빼닮았구나."

닮다 | take after

이미 알고 있는 단어 **take**(가져오다)와 **after**(~을 따라서)를 함께 써서 "엄마를 쏙 빼닮았구나."라고 말할 수 있어요. **take after**는 '쏙 빼닮았다'는 우리말 표현처럼 가족 간에 외모나 성격이 닮았을 때 쓰는 표현이에요.

take(가져오다) **+ after**(~을 따라서)
→ 닮다

🔊 **take after**를 사용한 문장을 듣고 따라 말해보세요.

넌 엄마를 쏙 빼닮았구나.
You really take after your mom.

얘는 엄마 닮았어.
She takes after her mother.

<더 라스트 쉽 시즌2>에서

너희 아들은 아빠 닮은 것 같아.
I think your son takes after his dad.

🔊 이번에는 우리말만 보고 **take after**를 사용한 문장을 말해보세요.

| 넌 엄마를 쏙 **빼닮았구나**. | 🎤 You really **take after** your mom. |

| 얘는 엄마 **닮았어**. | 🎤 |

| 너희 아들은 아빠 **닮은** 것 같아. | 🎤 |

🔊 **take after**를 사용한 실제 대화를 듣고 따라 말해보세요.

🎞 <더 라스트 쉽 시즌2>에서
딸을 소개해주며 레이첼에게

Rachel **My God, she's pretty.**
세상에, 딸이 예쁘네.

Tex **She takes after her mother.**
얘는 엄마 닮았어.

 보너스 Talk Talk!

"엄마를 쏙 **빼닮았구나**."라고 말하고 싶을 때, resemble(닮다)을 써서 말하기 쉬운데요. 미국인들은 자식이 부모의 특성을 쏙 빼닮은 느낌을 잘 살려주는 **take after**를 훨씬 더 많이 써서 말한답니다.

· You really resemble your mom. → 덜 자연스러워요.
· **You really take after your mom.** → 미국인들이 훨씬 더 많이 쓰는 표현이에요.

무료 강의 및
MP3 바로 듣기

DAY 39 "그 일 내가 맡았어."

맡다 | take on

이미 알고 있는 단어 **take**(잡다)와 **on**(위에)을 함께 써서 "그 일 내가 맡았어."라고 말할 수 있어요. **take on**은 일이나 특정 직책을 잡아서 내 위에 얹는 느낌이에요.

take(잡다) **+ on**(위에)
→ **맡다**

🔊 **take on**을 사용한 문장을 듣고 따라 말해보세요.

그 일 내가 맡았어.
I took on the job.

걘 일을 너무 많이 맡고 있어.
She's **taking on** too much.

<슈퍼걸 시즌1>에서

걔가 팀장 자리를 맡았어.
He **took on** the position of team leader.

이번에는 우리말만 보고 **take on** 을 사용한 문장을 말해보세요.

그 일 내가 **맡았어.** 🎤 I **took on** the job.

걔 일을 너무 많이 **맡고** 있어. 🎤

걔가 팀장 자리를 **맡았어.** 🎤

 take on 을 사용한 실제 대화를 듣고 따라 말해보세요.

(=) 매니저 자리를 제안받았는지 묻는 릴리에게
그 일을 맡았다고 말할 때

Lily   Did they ask you to be the store manager?
            그 사람들이 너한테 가게 매니저 해달라고 했어?

Tom   Yes.   I **took on** the job.
            응.   그 일 내가 맡았어.

 보너스 Talk Talk!

"그 일 내가 **맡았어.**"에 쓰인 **take on**은 일이나 직책을 맡을 때뿐만 아니라 책임을 진다고
말할 때도 많이 쓰인답니다.

· **Don't take on more responsibilities.**   더 이상 책임을 지지 마.

무료 강의 및
MP3 바로 듣기

DAY 40

"시간 많이 안 잡아먹을게."

미국인이 가장 많이 쓰는 표현 100

(시간을) 잡아먹다 | take up

이미 알고 있는 단어 **take**(잡다)와 **up**(완전히)을 함께 써서 **"시간 많이 안 잡아먹을게."**라고 말할 수 있어요. **take up**은 한정된 시간을 다 잡아서 차지하는 느낌이에요.

take(잡다) **+ up**(완전히)
→ **(시간을) 잡아먹다**

🔊 **take up**을 사용한 문장을 듣고 따라 말해보세요.

시간 많이 안 잡아먹을게.
I won't take up much time.

<길모어 걸스 시즌2>에서

그게 내 시간을 다 잡아먹어.
It takes up all my time.

어떤 일을 하느라 하루를 다 보낸 정도라고 말할 때 쓸 수 있어요

<스토커>에서

네 시간을 뺏고 싶진 않아.
I don't want to take up your time.

<심슨 가족 시즌28>에서

🔊)) 이번에는 우리말만 보고 **take up**을 사용한 문장을 말해보세요.

시간 많이 안 **잡아먹을게**. 　🎤 　I won't **take up** much time.

그게 내 시간을 다 **잡아먹어**. 　🎤

네 시간을 **뺏고** 싶진 않아. 　🎤

🔊)) **take up**을 사용한 실제 대화를 듣고 따라 말해보세요.

🎬 <길모어 걸스 시즌2>에서
바쁘다며 만나주지 않는 킴에게

Kim 　　We're in a hurry.
　　　　우리 바빠.

Kirk 　　I won't **take up** much time.
　　　　시간 많이 안 잡아먹을게요.

 보너스 Talk Talk!

"시간 많이 안 **잡아먹을게**."에 쓰인 **take up**은 시간을 잡아먹는다고 말할 때뿐만 아니라
물건이 자리를 많이 차지한다고 말할 때도 많이 쓰인답니다.

· **This sofa takes up too much space.** 　이 소파가 자리를 너무 많이 차지해.

무료 강의 및
MP3 바로 듣기

DAY 41 "그 말 취소해."

미국인이 가장 많이 쓰는 표현 100

취소하다 | take back

이미 알고 있는 단어 **take**(잡다)와 **back**(다시)을 함께 써서 "**그 말 취소해.**"라고 말할 수 있어요. **take back**은 '말을 다시 주워 담는다'는 우리말 표현처럼 이미 뱉어버린 말을 다시 잡아 와서 취소하는 느낌이에요.

take(잡다) **+ back**(다시)
→ **취소하다**

🔊 **take back**을 사용한 문장을 듣고 따라 말해보세요.

그 말 취소해.
Take it back.

> take와 back 사이에 it을 넣어서 간단하게 '말을 취소하다'를 말할 수 있어요.

내가 전에 했던 말 취소할게.
I take back what I said before.

<언데이터블 시즌1>에서

그 말 다시 주워 담고 싶어.
I wish I could take it back.

<그레이 아나토미 시즌8>에서

🔊 이번에는 우리말만 보고 **take back**을 사용한 문장을 말해보세요.

| 그 말 취소해. | 🎤 **Take** it **back**. |

| 내가 전에 했던 말 **취소할게**. | 🎤 |

| 그 말 **다시 주워 담고** 싶어. | 🎤 |

🔊 **take back**을 사용한 실제 대화를 듣고 따라 말해보세요.

💬 나를 못된 동생이라고 하는 클레어에게
그 말 취소하라고 말할 때

Claire   You're a terrible brother.
          넌 못된 동생이야.

James   **Take** it **back**.
          그 말 취소해.

보너스 Talk Talk!

"그 말 **취소해**."에 쓰인 **take back**은 했던 말을 취소할 때뿐만 아니라 물건을 반품할 때도 많이 쓰인답니다. 이때, 반품할 물건을 take와 back 사이에 넣어 말하면 자연스러워요.

· **I want to take this sweater back.**　　나 이 스웨터 반품하고 싶어.

무료 강의 및
MP3 바로 듣기

DAY 42 "내가 대신해줄까?"

대신해주다 | take over

이미 알고 있는 단어 **take**(가져오다)와 **over**(넘겨)를 함께 써서
"내가 대신해줄까?"라고 말할 수 있어요. **take over**는 남이
하던 일을 넘겨 받아 그 사람 대신 그 일을 해주는 느낌이에요.

take(가져오다) **+ over**(넘겨)
→ 대신해주다

🔊 **take over**를 사용한 문장을 듣고 따라 말해보세요.

내가 대신해줄까?
Do you want me to **take over**?

<인 디 에어>에서

네가 대신해줄 수 있어?
Can you **take over**?

<은밀한 하녀들 시즌4>에서

네가 운전 좀 대신해줄 수 있어?
Can you **take over** driving?

🔊 이번에는 우리말만 보고 **take over**를 사용한 문장을 말해보세요.

내가 대신해줄까?	🎤 Do you want me to **take over**?
네가 대신해줄 수 있어?	🎤
네가 운전 좀 대신해줄 수 있어?	🎤

🔊 **take over**를 사용한 실제 대화를 듣고 따라 말해보세요.

> 🎬 <은밀한 하녀들 시즌4>에서
> 대신 일을 맡아 달라고 부탁하며 애슐리에게
>
> Evelyn　　**Can you take over?**
> 　　　　　네가 대신해줄 수 있어?
>
> Ashley　　**But you're in charge.**
> 　　　　　하지만 당신이 책임자잖아요.

무료 강의 및
MP3 바로 듣기

아는 단어 get

get은 **'다다르다'**라는 핵심 의미가 있답니다. 어딘가에 다다라서 도착하는 느낌이에요. get의 의미로 잘 알려져 있는 '얻다'라는 뜻도 무언가 내 손에 와서 다다른 상태를 가리켜 그 뜻을 가지게 된 거랍니다. 이미 알고 있었던 단어 get을 사용한 표현을 통해 지금부터 미국인처럼 자연스럽게 말해봐요.

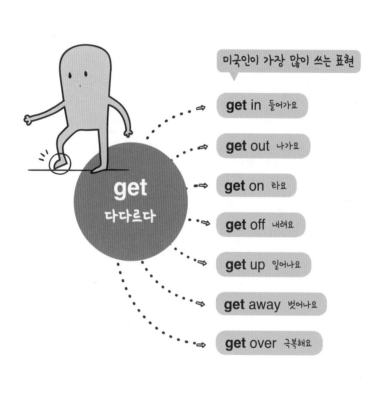

미국인이 가장 많이 쓰는 표현

get in 들어가요

get out 나가요

get on 타요

get off 내려요

get up 일어나요

get away 벗어나요

get over 극복해요

get
다다르다

DAY 43 "집으로 들어가."

들어가다 | get in

이미 알고 있는 단어 **get**(다다르다)과 **in**(안에)을 함께 써서 **"집으로 들어가."**라고 말할 수 있어요. **get in**은 어떤 장소 안에 들어가서 있는 느낌이에요.

get(다다르다) **+ in**(안에)
→ **들어가다**

🔊 **get in**을 사용한 문장을 듣고 따라 말해보세요.

집으로 들어가.
Get in the house.

<걸 온 더 트레인>에서

교회로 들어가.
Get in the church.

<닥터 후 시즌1>에서

너 여기 어떻게 들어왔어?
How did you **get in** here?

<트와일라잇>에서

🔊 이번에는 우리말만 보고 **get in**을 사용한 문장을 말해보세요.

집으로 **들어가**.   🎙 **Get in** the house.

교회로 **들어가**.   🎙

너 여기 어떻게 **들어왔어**?   🎙

DAY 43

해커스톡 영어회화 10분의 기적 아는 단어로 말하기

🔊 **get in**을 사용한 실제 대화를 듣고 따라 말해보세요.

🎬 <트와일라잇>에서
갑자기 방에 들어와 있는 에드워드에게

Isabella   How did you **get in** here?
너 여기 어떻게 들어왔어?

Edward   Through the window.
창문으로.

무료 강의 및
MP3 바로 듣기

DAY 44 "내 방에서 나가."

나가다 | get out

이미 알고 있는 단어 **get**(다다르다)과 **out**(밖에)을 함께 써서 "**내 방에서 나가.**"라고 말할 수 있어요. **get out**은 어딘가에서 빠져 나가거나 원치 않게 쫓겨나 밖으로 나가는 느낌이에요.

get(다다르다) **+ out**(밖에)
→ **나가다**

🔊 **get out** 을 사용한 문장을 듣고 따라 말해보세요.

내 방에서 나가.
Get out of my room.

> 어디에서 나가는지를 말할 때는 뒤에 of를 붙여서 말해요.

<블랙 스완>에서

나가.
Get out.

<라스베가스를 떠나며>에서

여기서 어떻게 나가요?
How do I **get out** of here?

🔊)) 이번에는 우리말만 보고 **get out**을 사용한 문장을 말해보세요.

내 방에서 **나가**.　　　　　🎙 **Get out** of my room.

나가.　　　　　🎙

여기서 어떻게 **나가요**?　　　　　🎙

🔊)) **get out**을 사용한 실제 대화를 듣고 따라 말해보세요.

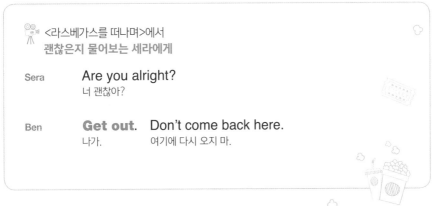

🎬 <라스베가스를 떠나며>에서
괜찮은지 물어보는 세라에게

Sera　　**Are you alright?**
　　　　너 괜찮아?

Ben　　**Get out.** Don't come back here.
　　　　나가.　　여기에 다시 오지 마.

무료 강의 및
MP3 바로 듣기

DAY 45 "저 버스 타야 돼."

미국인이 가장 많이 쓰는 표현 100

타다 | get on

이미 알고 있는 단어 **get**(다다르다)과 **on**(위에)을 함께 써서 **"저 버스 타야 돼."**라고 말할 수 있어요. **get on**은 버스나 기차와 같은 교통수단 위에 발을 얹고 탑승하는 느낌이에요.

get(다다르다) **+ on**(위에)
→ **타다**

🔊) **get on**을 사용한 문장을 듣고 따라 말해보세요.

나 저 버스 타야 돼.
I got to get on that bus.

> got to는 have got to를 간단하게
> 한 말로, '~해야 돼'라는 뜻이에요.

<스피드>에서

그냥 기차에 타.
Just get on the train.

<올레디 데드>에서

걔 비행기에 안 탔어.
She didn't get on the plane.

<다즐링 주식회사>에서

이번에는 우리말만 보고 **get on**을 사용한 문장을 말해보세요.

나 저 버스 **타야** 돼.	🎤 I got to **get on** that bus.

그냥 기차에 **타**.	🎤

걔 비행기에 안 **탔어**.	🎤

🔊 **get on**을 사용한 실제 대화를 듣고 따라 말해보세요.

> 🎬 <스피드>에서
> **달리는 버스에 타야 한다고 말하며 재규어에게**
>
> Jack   I got to **get on** that bus.
> 나 저 버스 타야 돼.
>
> Jaguar   Yeah, yeah, you get on the bus.
> 그래, 그래, 너 저 버스 타.

 보너스 Talk Talk!

"저 버스 **타야** 돼."에 쓰인 **get on**은 버스, 기차와 같은 교통수단에 탈 때 쓰는데요. 특별히
자동차에 탄다고 할 때에는 **get in**을 사용해서 말한답니다.

· **Let's get in the car!**   차에 타자!

무료 강의 및
MP3 바로 듣기

DAY 46

"나 방금 내렸어."

내리다 | get off

이미 알고 있는 단어 **get**(다다르다)과 **off**(떨어져)를 함께 써서 **"나 방금 내렸어."**라고 말할 수 있어요. **get off**는 내가 타고 있던 교통수단에서 하차해 나오는 느낌이에요.

get(다다르다) + **off**(떨어져)
→ **내리다**

🔊 **get off**를 사용한 문장을 듣고 따라 말해보세요.

나 방금 비행기에서 **내렸어.**
I just **got off** the plane.

버스에서 **내려.**
Get off the bus.

<파이널 데스티네이션 5>에서

너 여기서 **내려?**
Are you **getting off** here?

◀)) 이번에는 우리말만 보고 **get off**를 사용한 문장을 말해보세요.

나 방금 비행기에서 내렸어.	🎤 I just **got off** the plane.
버스에서 내려.	🎤
너 여기서 내려?	🎤

◀)) **get off**를 사용한 실제 대화를 듣고 따라 말해보세요.

DAY 46

(=) 함께 전철을 타고 있는 릴리에게
이번 역에서 내리냐고 물을 때

James
Are you getting off here?
너 여기서 내려?

Lily
No, I'm getting off at the next station.
아니, 난 다음 역에서 내려.

 보너스 Talk Talk!

"나 방금 **내렸어.**"에 쓰인 **get off**는 교통수단에서 내릴 때뿐만 아니라 퇴근한다는 의미로
도 많이 쓰인답니다.

· **What time do you get off work?**   몇 시에 퇴근해?

무료 강의 및
MP3 바로 듣기

해커스톡 영어회화 10분의 기적 아는 단어로 말하기

DAY 47 "일어날 시간이야."

일어나다 | get up

이미 알고 있는 단어 **get**(다다르다)과 **up**(위로)을 함께 써서 "일어
날 시간이야."라고 말할 수 있어요. **get up**은 침대에서 몸을 일
으켜 일과를 시작하는 느낌이에요.

get(다다르다) + **up**(위로)
→ **일어나다**

🔊 **get up**을 사용한 문장을 듣고 따라 말해보세요.

일어날 시간이야.
It's time to **get up**.

<뉴스라디오 시즌4>에서

나 아침에 일찍 일어나야 돼.
I got to **get up** early in the morning.

> got to는 have got to를 간단하게
> 한 말로, '~해야 돼'라는 뜻이에요.

<로열 페인즈 시즌2>에서

넌 왜 그렇게 일찍 일어나?
Why do you **get up** so early?

<길모어 걸스>에서

🔊) 이번에는 우리말만 보고 **get up**을 사용한 문장을 말해보세요.

일어날 시간이야.　　　🎤 It's time to **get up**.

나 아침에 일찍 **일어나야** 돼.　　🎤

넌 왜 그렇게 일찍 **일어나**?　　🎤

🔊) **get up**을 사용한 실제 대화를 듣고 따라 말해보세요.

🎬 <뉴스라디오 시즌4>에서
사무실 소파에서 자고 있는 매튜에게

Lisa　　Matthew, it's time to **get up**.
　　　　매튜,　　　일어날 시간이야.

Matthew　Five more minutes.
　　　　5분만 더 잘게.

 보너스 Talk Talk!

"일어날 시간이야."라고 말하고 싶을 때, wake up(잠에서 깨다)이 떠올랐나요? 이런 상황에서 미국인들은 **get up**을 가장 많이 써서 말한답니다.

· It's time to wake up.　→ 잠이 깼는데도 침대에서 안 나올 수 있어요.
· **It's time to get up.**　→ '침대에서 일어나 일과를 시작한다'는 의미가 강조돼요.

무료 강의 및
MP3 바로 듣기

DAY 48

"벗어나고 싶어."

벗어나다 | **get away**

이미 알고 있는 단어 **get**(다다르다)과 **away**(떨어져)를 함께 써서
"**벗어나고 싶어.**"라고 말할 수 있어요. **get away**는 지금 있는
곳에서 떨어진 다른 곳으로 가는 느낌이에요.

get(다다르다) + **away**(떨어져)
→ **벗어나다**

🔊 **get away** 를 사용한 문장을 듣고 따라 말해보세요.

난 벗어나고 싶어.
I want to **get away**.

<트루먼 쇼>에서

넌 벗어나야만 해.
You must **get away**.

<캐리비안의 해적: 망자의 함>에서

난 도시에서 벗어나고 싶어.
I want to **get away** from the city.

어디에서 벗어나는지를 말할 때는
뒤에 from을 붙여서 말해요.

이번에는 우리말만 보고 **get away**를 사용한 문장을 말해보세요.

난 **벗어나고** 싶어.	🎤 I want to **get away**.

넌 **벗어나야만** 해.	🎤

난 도시에서 **벗어나고** 싶어.	🎤

🔊 **get away**를 사용한 실제 대화를 듣고 따라 말해보세요.

💬 등산하러 가자는 제임스에게
좋다며 도시에서 벗어나고 싶다고 말할 때

James **Do you want to go hiking this weekend?**
이번 주말에 등산하러 갈래?

Lily **I'd love to! I want to get away from the city.**
좋아! 난 도시에서 벗어나고 싶어.

DAY 48

해커스톡 영어회화 10분의 기적 아는 단어로 말하기

 보너스 Talk Talk!

"**벗어나고** 싶어."에 쓰인 **get away**는 지금 있는 곳에서 벗어난다는 의미에서 더 나아가 일상에서 벗어나 휴가를 간다고 말할 때도 많이 쓰인답니다.

· **I hope I can get away this summer.** 이번 여름에 휴가를 갈 수 있길 바라.

무료 강의 및
MP3 바로 듣기

DAY 49

"넌 극복해낼 거야."

극복하다 | get over

이미 알고 있는 단어 **get**(다다르다)과 **over**(너머)를 함께 써서 **"넌 극복해낼 거야."**라고 말할 수 있어요. **get over**는 나를 힘들게 하는 장애물들을 넘고 결국 해내는 느낌이에요.

get(다다르다) **+ over**(너머)
→ **극복하다**

🔊 **get over**를 사용한 문장을 듣고 따라 말해보세요.

넌 극복해낼 거야.
You'll **get over** it.

<클로저>에서

걔 슬럼프를 극복했어.
He **got over** his slump.

넌 극복해야 돼.
You need to **get over** it.

<슈츠 시즌2>에서

이번에는 우리말만 보고 **get over**를 사용한 문장을 말해보세요.

넌 **극복해낼** 거야.	🎤 You'll **get over** it.

걘 슬럼프를 **극복했어.**	🎤

넌 **극복해야** 돼.	🎤

get over를 사용한 실제 대화를 듣고 따라 말해보세요.

(=) 힘들어 하던 친구에 대해 말하는 릴리에게
그 친구가 슬럼프를 극복했다고 말할 때

Lily   Kevin looks OK now.
             케빈 이제 괜찮아 보이네.

James   Yeah.   He **got over** his slump.
            응.   걘 슬럼프를 극복했어.

 보너스 Talk Talk!

"넌 **극복해낼** 거야."에 쓰인 **get over**를 사용해서 상대방에게 잘난 척 그만하라는 핀잔을 줄
수 있어요. 혼자 잘났다는 생각에 심취하지 말라는 의미로 이해하면 돼요.

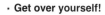

· **Get over yourself!**   잘난 척 그만해!

무료 강의 및
MP3 바로 듣기

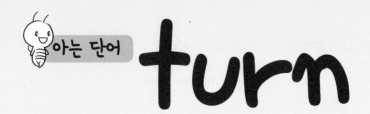

turn은 '**돌리다**'라는 뜻으로 잘 알고 계시죠? 그런데 이 단어는 돌다 보면 어지러운 상태로 변하는 것처럼 '**변하다**'라는 뜻도 가지고 있어요. 이제부터 이미 알고 있었던 단어 turn을 사용한 표현을 통해 미국인처럼 자연스럽게 말해봐요.

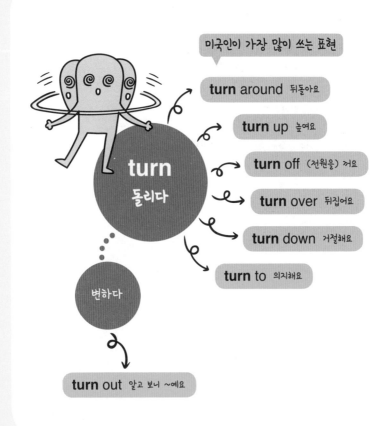

미국인이 가장 많이 쓰는 표현

turn around 뒤돌아요

turn up 높여요

turn off (전원을) 꺼요

turn over 뒤집어요

turn down 거절해요

turn to 의지해요

turn
돌리다

변하다

turn out 알고 보니 ~예요

DAY 50 "뒤돌아봐."

뒤돌다 | turn around

이미 알고 있는 단어 **turn**(돌리다)과 **around**(둥글게)를 함께 써서 **"뒤돌아봐."**라고 말할 수 있어요. **turn around**는 제자리에서 내 몸을 빙~ 돌려세우는 느낌이에요.

turn(돌리다) **+ around**(둥글게)
→ 뒤돌다

🔊 **turn around**를 사용한 문장을 듣고 따라 말해보세요.

뒤돌아봐.
Turn around.

뒤돌아 있을게.
I'll turn around.

<투모로우>에서

뒤돌아서 집에 가.
Turn around and go home.

<007 네버 다이>에서

🔊)) 이번에는 우리말만 보고 **turn around**를 사용한 문장을 말해보세요.

뒤돌아봐.	🎤 **Turn around**.

뒤돌아 있을게.	🎤

뒤돌아서 집에 가.	🎤

🔊)) **turn around**를 사용한 실제 대화를 듣고 따라 말해보세요.

(=) 기념일에 여자친구 클레어에게
서프라이즈로 꽃을 준비한 채 뒤돌아보라고 말할 때

Tom   Don't look . . . OK, **turn around**.
       아직 보지 마… 됐다,   뒤돌아봐.

Claire   Wow. You got me flowers?
          우와. 나한테 꽃 주는 거야?

DAY 50

해커스톡 영어회화 10분의 기적 아는 단어로 말하기

무료 강의 및
MP3 바로 듣기

교재 본문 & 대화문 MP3 **HackersTalk.co.kr**

DAY 51 "볼륨 좀 높여봐!"

높이다 | turn up

이미 알고 있는 단어 **turn**(돌리다)과 **up**(위로)을 함께 써서 "**볼륨 좀 높여봐!**"라고 말할 수 있어요. **turn up**은 볼륨이나 온도를 높게 조절하는 느낌이에요.

turn(돌리다) **+ up**(위로)
→ **높이다**

🔊 **turn up**을 사용한 문장을 듣고 따라 말해보세요.

볼륨 좀 높여봐!
Turn up the volume!

<심슨 가족 시즌4>에서

음악 소리를 높여봐!
Turn up the music!

내가 온도를 높였어.
I turned up the heat.

<사인필드 시즌7>에서

이번에는 우리말만 보고 **turn up**을 사용한 문장을 말해보세요.

볼륨 좀 **높여봐!**	🎤 **Turn up** the volume!

음악 소리를 **높여봐!**	🎤

내가 온도를 **높였어.**	🎤

turn up을 사용한 실제 대화를 듣고 따라 말해보세요.

💬 같이 음악을 듣고 있는 제임스에게
음악 소리를 높이라고 말할 때

Lily
Turn up the music!
음악 소리를 높여봐!

James
No. It's already too loud.
안돼. 이미 소리가 너무 커.

 보너스 Talk Talk!

"볼륨 좀 **높여봐!**"라고 말하고 싶을 때, increase(증가시키다)를 써서 말하기 쉬운데요. 미국인들은 볼륨이나 온도를 높이라고 말할 때 **turn up**을 훨씬 더 많이 써서 말한답니다.

- Increase the volume! → 자연스럽지 않아요.
- **Turn up** the volume! → 미국인들이 훨씬 더 많이 쓰는 표현이에요.

무료 강의 및
MP3 바로 듣기

DAY 52 "TV 좀 꺼줄래?"

(전원을) 끄다 | turn off

이미 알고 있는 단어 **turn**(돌리다)과 **off**(중지된)를 함께 써서 "TV 좀 꺼줄래?"라고 말할 수 있어요. **turn off**는 기계를 끄기 위해 전원 스위치를 off로 돌리는 느낌이에요.

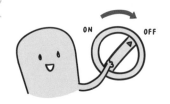

turn(돌리다) **+ off**(중지된)
→ **(전원을) 끄다**

🔊 **turn off**를 사용한 문장을 듣고 따라 말해보세요.

TV 좀 꺼줄래?
Could you turn off the TV?

<심슨 가족 시즌3>에서

휴대폰을 꺼주세요.
Please turn off your cell phones.

<괴짜가족 괴담일기 시즌2>에서

내가 전원 꺼놨어.
I turned it off.

<프렌즈 시즌1>에서

🔊 이번에는 우리말만 보고 **turn off**를 사용한 문장을 말해보세요.

TV 좀 **꺼줄래?**	🎤 Could you **turn off** the TV?

휴대폰을 **꺼주세요.**	🎤

내가 전원 **꺼놨어.**	🎤

🔊 **turn off**를 사용한 실제 대화를 듣고 따라 말해보세요.

> 🎬 <프렌즈 시즌1>에서
> 전화기를 꺼놨었다며 조이에게
>
> Joey   I called you, and there was no answer.
> 나 너한테 전화했는데, 응답이 없더라.
>
> Chandler   I **turned** it **off**.
> 내가 전원 꺼놨어.

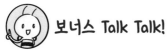 보너스 Talk Talk!

"TV 좀 **꺼줄래?**"에 쓰인 **turn off**는 기계의 전원을 끌 때뿐만 아니라 어떤 것이 마음에 들지 않는다고 말할 때도 많이 쓰인답니다. '정떨어지다'라는 우리말 표현과 비슷해요.

· **I was turned off by her actions.**   난 걔 행동에 **정떨어졌어.**

무료 강의 및
MP3 바로 듣기

DAY 53 "뒤집어봐."

뒤집다 | turn over

이미 알고 있는 단어 **turn**(돌리다)과 **over**(넘겨)를 함께 써서 **"뒤집어봐."**라고 말할 수 있어요. **turn over**는 달걀 프라이를 뒤집개로 넘기듯이, 표면에 닿아있는 면을 뒤집는 느낌이에요.

turn(돌리다) **+ over**(넘겨)
→ **뒤집다**

🔊 **turn over**를 사용한 문장을 듣고 따라 말해보세요.

그거 뒤집어봐.
Turn it **over.**

> 뒤집을 것을 turn과 over 사이에 넣어서 말해요.

<주먹왕 랄프>에서

팬케이크 뒤집어.
Turn the pancake **over.**

스테이크를 뒤집을 때야.
It's time to **turn** the steak **over.**

🔊 이번에는 우리말만 보고 **turn over**를 사용한 문장을 말해보세요.

그거 뒤집어봐.	🎤 **Turn** it **over**.

팬케이크 뒤집어.	🎤

스테이크를 뒤집을 때야.	🎤

🔊 **turn over**를 사용한 실제 대화를 듣고 따라 말해보세요.

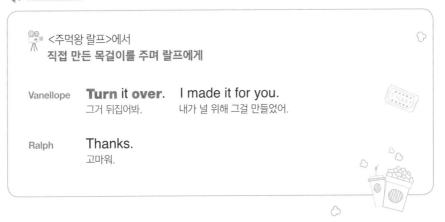

🎬 <주먹왕 랄프>에서
직접 만든 목걸이를 주며 랄프에게

Vanellope   **Turn** it **over**.   I made it for you.
             그거 뒤집어봐.   내가 널 위해 그걸 만들었어.

Ralph   Thanks.
       고마워.

무료 강의 및
MP3 바로 듣기

DAY 54 "걔 그 돈 거절했어."

거절하다 | turn down

이미 알고 있는 단어 **turn**(돌리다)과 **down**(아래로)을 함께 써서 **"걔 그 돈 거절했어."**라고 말할 수 있어요. **turn down**은 부탁이나 제안을 단호하게 거절하는 느낌이에요.

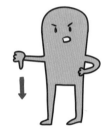

turn(돌리다) **+ down**(아래로)
→ 거절하다

🔊) **turn down**을 사용한 문장을 듣고 따라 말해보세요.

걔 그 돈 거절했어.
She **turned down** the money.

넌 거래를 거절했어.
You **turned down** a deal.

<슈츠 시즌6>에서

나 그 일자리 거절했어.
I **turned down** the job.

이번에는 우리말만 보고 **turn down**을 사용한 문장을 말해보세요.

걘 그 돈 **거절했어**.	🎤 She **turned down** the money.

넌 거래를 **거절했어**. 🎤

나 그 일자리 **거절했어**. 🎤

 turn down을 사용한 실제 대화를 듣고 따라 말해보세요.

(=) 제안받았던 일자리에 대해 물어보는 릴리에게
그 일자리를 거절했다고 말할 때

James I **turned down** the job.
나 그 일자리 거절했어.

Lily Why did you do that?
왜 그랬어?

 보너스 Talk Talk!

"걘 그 돈 **거절했어**."에 쓰인 **turn down**은 돈이나 거래를 거절할 때뿐만 아니라 사람에게 퇴짜를 놓는다고 말할 때도 많이 쓰인답니다. 이때에는 퇴짜를 당하는 사람을 turn과 down 사이에 넣어 말해야 자연스러워요.

· **I turned him down.** 나 그 사람 **퇴짜** 놨어.

무료 강의 및
MP3 바로 듣기

DAY 55
"의지할 사람이 없어."

의지하다 | turn to

이미 알고 있는 단어 **turn**(돌리다)과 **to**(~에게로)를 함께 써서 **"의지할 사람이 없어."**라고 말할 수 있어요. **turn to** 는 힘들 때 믿고 의지하는 사람에게 가서 위로받는 느낌의 표현이에요.

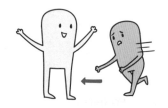

turn(돌리다) **+ to**(~에게로)
→ **의지하다**

🔊 **turn to** 를 사용한 문장을 듣고 따라 말해보세요.

난 의지할 사람이 없어.
I have no one to **turn to**.

<트윈 픽스 시즌2>에서

난 네게 의지하고 있어.
I'm **turning to** you.

<오피스 시즌6>에서

넌 신에게 의지했구나.
You **turned to** God.

<썬즈 오브 아나키 시즌3>에서

🔊) 이번에는 우리말만 보고 **turn to**를 사용한 문장을 말해보세요.

| 난 **의지할** 사람이 없어. | 🎤 | I have no one to **turn to**. |

| 난 네게 **의지하고 있어**. | 🎤 |

| 넌 신에게 **의지했구나**. | 🎤 |

🔊) **turn to**를 사용한 실제 대화를 듣고 따라 말해보세요.

🎬 <오피스 시즌6>에서
도움을 요청하며 짐에게

Michael **I'm turning to you, my friend.**
난 네게 의지하고 있어, 친구.

Jim **I'm going to help you.**
내가 널 도와줄게.

무료 강의 및
MP3 바로 듣기

DAY 56

"알고 보니 네가 옳았어."

알고 보니 ~이다 | turn out

이미 알고 있는 단어 **turn**(변하다)과 **out**(밖으로)을 함께 써서 **"알고 보니 네가 옳았어."**라고 말할 수 있어요. **turn out**은 생각했던 것과는 다른 무언가가 밖으로 모습을 드러내는 느낌이에요.

turn(변하다) **+ out**(밖으로)
→ **알고 보니 ~이다**

🔊 **turn out**을 사용한 문장을 듣고 따라 말해보세요.

알고 보니 네가 옳았어.
It turns out that you're right.

<슈퍼배드 2>에서

알고 보니 내가 수학을 못 하더라.
It turns out I'm bad at math.

알고 보니 걔가 거짓말을 한 거였어.
It turned out she was lying.

<미국 십 대의 비밀생활 시즌4>에서

🔊)) 이번에는 우리말만 보고 **turn out**을 사용한 문장을 말해보세요.

| 알고 보니 네가 옳았어. | 🎙 It **turns out** that you're right. |

| 알고 보니 내가 수학을 못 하더라. | 🎙 |

| 알고 보니 걔가 거짓말을 한 거였어. | 🎙 |

🔊)) **turn out**을 사용한 실제 대화를 듣고 따라 말해보세요.

💬 시험을 어떻게 봤냐고 묻는 제임스에게
수학 시험을 망쳤다고 말할 때

James   How did you do on your exam?
         시험 어떻게 봤어?

Lily   Not good.   It **turns out** I'm bad at math.
         잘 못 봤어.   알고 보니 내가 수학을 못 하더라.

무료 강의 및
MP3 바로 듣기

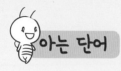 아는 단어

stand

stand는 '서다'라는 뜻으로 잘 알고 계실 거예요. stand는 제자리에 서 있을 수도 있고, 다른 사람을 어딘가에 세울 수도 있는 단어예요. 이미 알고 있었던 단어 stand를 사용한 표현을 통해 미국인처럼 자연스럽게 말해봐요.

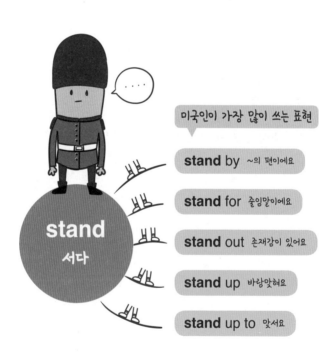

미국인이 가장 많이 쓰는 표현

stand by ~의 편이에요

stand for 줄임말이에요

stand out 존재감이 있어요

stand up 바람맞혀요

stand up to 맞서요

stand
서다

DAY 57 "네 편이 되어줄게."

~의 편이다 | stand by

이미 알고 있는 단어 **stand**(서다)와 **by**(옆에)를 함께 써서 **"네 편이 되어줄게."**라고 말할 수 있어요. **stand by**는 내 편인 사람이 곁에 서서 날 지지해주는 느낌이에요.

stand(서다) **+ by**(옆에)
→ ~의 편이다

🔊 **stand by**를 사용한 문장을 듣고 따라 말해보세요.

내가 네 편이 되어줄게.
I'll **stand by** you.

<퍼시 잭슨과 번개 도둑>에서

내 편이 되어줄래?
Will you **stand by** me?

내 곁에 있어 줘서 고마워.
Thank you for **standing by** me.

> stand by는 든든하게 곁에 있어준다는 의미로도 쓰여요

<은밀한 하녀들 시즌2>에서

🔊 이번에는 우리말만 보고 **stand by**를 사용한 문장을 말해보세요.

내가 네 편이 되어줄게.	🎤	I'll **stand by** you.

내 편이 되어줄래?	🎤

내 곁에 있어 줘서 고마워.	🎤

🔊 **stand by**를 사용한 실제 대화를 듣고 따라 말해보세요.

🎬 <은밀한 하녀들 시즌2>에서
날 지지해주는 조일라에게

Zoila **I'm so proud of you.**
난 네가 정말 자랑스러워.

Gene **Thank you for standing by me.**
내 곁에 있어 줘서 고마워.

 보너스 Talk Talk!

"네 **편이 되어줄게.**"에 쓰인 **stand by**는 사람의 편에 서서 옹호할 때뿐만 아니라 그 사람의
결정이나 의견을 지지한다고 말할 때도 많이 쓰인답니다.

· **I stand by his decision.**   난 그의 결정을 지지해.

무료 강의 및
MP3 바로 듣기

"그게 뭐의 줄임말이야?"

줄임말이다 | stand for

이미 알고 있는 단어 **stand**(서다)와 **for**(~을 대표하여)를 함께 써서 **"그게 뭐의 줄임말이야?"**라고 말할 수 있어요. **stand for**는 단어의 앞글자들이 그 단어를 대표하기 위해 눈에 띄게 우뚝 서 있는 느낌이에요.

Too Much

Information

stand(서다) **+ for**(~을 대표하여)
→ **줄임말이다**

)) **stand for**를 사용한 문장을 듣고 따라 말해보세요.

그게 뭐의 줄임말이야?
What does that **stand for**?

<미션 임파서블 3>에서

TMI는 "너무 많은 정보"의 줄임말이야.
TMI **stands for** "Too Much Information."

IT가 뭐의 줄임말이야?
What does "IT" **stand for**?

<IT 크라우드 시즌3>에서

🔊)) 이번에는 우리말만 보고 **stand for**를 사용한 문장을 말해보세요.

그게 뭐의 줄임말이야?   🎤   What does that stand for?

TMI는 "너무 많은 정보"의 줄임말이야.   🎤

IT가 뭐의 줄임말이야?   🎤

🔊)) **stand for**를 사용한 실제 대화를 듣고 따라 말해보세요.

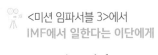
<미션 임파서블 3>에서
IMF에서 일한다는 이단에게

Ethan   **I work for an agency. It's called IMF.**
난 정부 기관에서 일해. IMF라고 불리지.

Julia   **What does that stand for?**
그게 뭐의 줄임말이야?

무료 강의 및
MP3 바로 듣기

DAY 59 "걘 존재감이 있어."

존재감이 있다 | stand out

이미 알고 있는 단어 **stand**(서다)와 **out**(밖으로)을 함께 써서 **"걘 존재감이 있어."**라고 말할 수 있어요. **stand out**은 '군계 일학'이라는 우리말 표현처럼 수많은 사람 속에 서 있어도 눈에 확 들어온다는 긍정적인 느낌이에요.

stand(서다) **+ out**(밖으로)
→ **존재감이 있다**

🔊 **stand out**을 사용한 문장을 듣고 따라 말해보세요.

걘 존재감이 있어.
She **stands out**.

<트루 블러드 시즌1>에서

누가 제일 눈에 띄어?
Who **stands out** the most?

난 돋보이고 싶어.
I want to **stand out**.

<로열 페인즈 시즌8>에서

◀)) 이번에는 우리말만 보고 **stand out**을 사용한 문장을 말해보세요.

걘 존재감이 있어.	🎤 She **stands out**.
누가 제일 눈에 띄어?	🎤
난 돋보이고 싶어.	🎤

◀)) **stand out**을 사용한 실제 대화를 듣고 따라 말해보세요.

🎥 <트루 블러드 시즌1>에서
자기 동생을 어떻게 아는지 묻는 제이슨에게

Jason **How do you know her?**
너 걔를 어떻게 알아?

Pam **She stands out.**
걘 존재감이 있어.

 보너스 Talk Talk!

"걘 존재감이 있어."라고 말하고 싶을 때, noticeable(눈에 띄는)이 떠올랐나요? 이런 상황에서 미국인들은 **stand out**을 가장 많이 써서 말한답니다.

· She's noticeable. ➔ noticeable은 사람과는 잘 어울리지 않아요.
· **She stands out.** ➔ '존재감이 있다'는 의미가 강조돼요.

무료 강의 및
MP3 바로 듣기

DAY 60

"그 사람이 날 바람맞혔어."

바람맞히다 | stand up

이미 알고 있는 단어 **stand**(서다)와 **up**(일어나)을 함께 써서 **"그 사람이 날 바람맞혔어."**라고 말할 수 있어요. **stand up**은 누군가를 약속 장소에 계속해서 서 있게 만드는 느낌이에요.

stand(서다) **+ up**(일어나)
→ **바람맞히다**

🔊 **stand up**을 사용한 문장을 듣고 따라 말해보세요.

그 사람이 날 **바람맞혔어.**
She stood me up.

> 바람맞은 사람을 stand와 up 사이에 넣어서 말해요.

나 또 **바람맞히지** 마.
Don't stand me up again.

<마네킨>에서

왜 어젯밤에 날 **바람맞힌** 거야?
Why did you stand me up last night?

<파이터>에서

🔊 이번에는 우리말만 보고 **stand up**을 사용한 문장을 말해보세요.

| 그 사람이 날 **바람맞혔어**. | 🎙 She **stood** me **up**. |

| 나 또 **바람맞히지** 마. | 🎙 |

| 왜 어젯밤에 날 **바람맞힌 거야**? | 🎙 |

🔊 **stand up**을 사용한 실제 대화를 듣고 따라 말해보세요.

💬 소개팅이 어땠냐고 묻는 릴리에게
상대방이 나를 바람맞혔다고 말할 때

Lily
How was your blind date?
너 소개팅은 어땠어?

'소개팅'은 blind date라고 해요~

James
It was terrible. She stood me up.
최악이었어.   그 사람이 날 바람맞혔어.

무료 강의 및
MP3 바로 듣기

DAY 61 "넌 그에게 맞서야 해."

맞서다 | stand up to

이미 알고 있는 단어 **stand**(서다)와 **up**(일어나), **to**(~에게)를 함께 써서 **"넌 그에게 맞서야 해."**라고 말할 수 있어요. **stand up to**는 '굽히지 않는다'는 우리말 표현처럼 똑바로 서서 나보다 강한 사람이나 감정을 당당히 마주하고 있는 느낌이에요.

stand(서다) **+ up**(일어나) **+ to**(~에게)
→ **맞서다**

🔊 **stand up to**를 사용한 문장을 듣고 따라 말해보세요.

넌 그에게 맞서야 해.
You should **stand up to** him.

<빌리 엘리어트>에서

아무도 그 사람한테 맞서지 않아.
No one **stands up to** him.

<셜록 시즌3>에서

난 두려움에 맞서겠어.
I'll **stand up to** my fears.

🔊 이번에는 우리말만 보고 **stand up to**를 사용한 문장을 말해보세요.

넌 그에게 **맞서야** 해.	🎙️ You should **stand up to** him.

아무도 그 사람한테 **맞서지** 않아. 🎙️

난 두려움에 **맞서겠어**. 🎙️

🔊 **stand up to**를 사용한 실제 대화를 듣고 따라 말해보세요.

🎥 <빌리 엘리어트>에서
하고 싶은 발레를 못 하게 막는 아빠에게 맞서라며 빌리에게

Wilkinson   You should **stand up to** him.
넌 그에게 맞서야 해.

Billy   You don't know what he is like.
선생님은 우리 아빠가 어떤 사람인지 몰라요.

 보너스 Talk Talk!

"넌 그에게 **맞서야** 해."라고 말하고 싶을 때, fight(싸우다)가 떠올랐나요? 이런 상황에서 미국인들은 **stand up to**를 가장 많이 써서 말한답니다.

· You should fight him. ⇒ 치고받고 싸우라는 뜻으로 들려요.
· **You should stand up to him.** ⇒ '당당히 맞선다'는 의미가 강조돼요.

무료 강의 및
MP3 바로 듣기

아는 단어

run은 '**달리다**'라는 뜻으로 잘 알려져 있죠? 그런데 이 단어는 물이 흐를 때는 '**흐르다**'라는 뜻으로 사용할 수 있어요. 그리고 계속 달리면 지친 상태가 되는 것처럼 계속 변화해서 어떤 상태가 되었을 때도 '**~이 되다**'라는 의미로 쓸 수 있어요. 이제부터 이미 알고 있었던 단어 run을 사용한 표현을 통해 미국인처럼 자연스럽게 말해봐요.

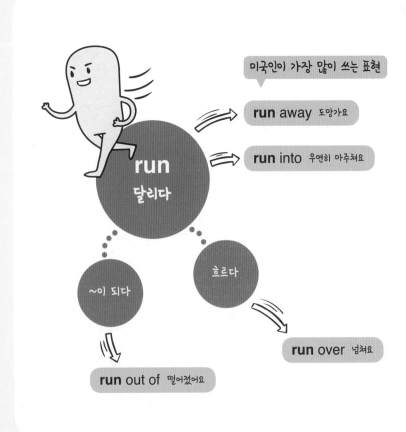

미국인이 가장 많이 쓰는 표현

run away 도망가요

run into 우연히 마주쳐요

run
달리다

~이 되다

흐르다

run over 넘쳐요

run out of 떨어졌어요

DAY 62 "도망가."

도망가다 | run away

이미 알고 있는 단어 **run**(달리다)과 **away**(멀리)를 함께 써서 "도망가."라고 말할 수 있어요. **run away**는 멀리 달아나는 느낌이에요.

run(달리다) **+ away**(멀리)
→ 도망가다

🔊 **run away**를 사용한 문장을 듣고 따라 말해보세요.

도망가.
Run away.

<라이온 킹>에서

우리 개가 도망갔어.
My dog ran away.

<30 ROCK 시즌3>에서

개 가출했어.
He ran away from home.

> run away from home은 집으로부터 도망가는 거니까 '가출하다'라는 뜻이 돼요.

🔊 이번에는 우리말만 보고 **run away** 를 사용한 문장을 말해보세요.

| 도망가. | 🎤 | **Run away.** |

| 우리 개가 **도망갔어.** | 🎤 |

| 걔 **가출했어.** | 🎤 |

🔊 **run away** 를 사용한 실제 대화를 듣고 따라 말해보세요.

🎬 <라이온 킹>에서
이제 어떻게 해야 하는지 묻는 심바에게

Simba
What am I going to do?
나 이제 뭘 해야 하죠?

Scar
Run away, Simba.   Run away and never return.
도망가, 심바.   도망가서 절대 돌아오지 마.

무료 강의 및
MP3 바로 듣기

DAY 63

"걔랑 우연히 마주쳤어."

우연히 마주치다 | run into

이미 알고 있는 단어 **run**(달리다)과 **into**(~ 안으로)를 함께 써서 **"걔랑 우연히 마주쳤어."**라고 말할 수 있어요. **run into**는 예상치 못한 곳에서 우연히 아는 사람을 마주치는 느낌이에요.

run(달리다) **+ into**(~ 안으로)
→ **우연히 마주치다**

🔊 **run into**를 사용한 문장을 듣고 따라 말해보세요.

나 밖에서 걔랑 우연히 마주쳤어.
I ran into him outside.

<스파이더맨 3>에서

나 오늘 아침에 걔랑 우연히 마주쳤어.
I ran into him in the morning.

<블랙 스완>에서

널 우연히 마주치다니 정말 반갑다.
So good **running into** you.

"It's so good running into you."를
이렇게 간단하게 말하면 자연스러워요.

<팍스 앤 레크리에이션 시즌3>에서

◀)) 이번에는 우리말만 보고 **run into** 를 사용한 문장을 말해보세요.

나 밖에서 걔랑 **우연히 마주쳤어**.　　🎤　**I ran into** him outside.

나 오늘 아침에 걔랑 **우연히 마주쳤어**.　　🎤

널 **우연히 마주치다니** 정말 반갑다.　　🎤

◀)) **run into** 를 사용한 실제 대화를 듣고 따라 말해보세요.

🎬 <스파이더맨 3>에서
해리가 공연에 왔었는지 묻는 메리에게

Mary　　**Was Harry here tonight?**
　　　　오늘 밤에 해리가 여기 있었니?

Peter　　**Yeah. I ran into** him outside.
　　　　응.　　나 밖에서 걔랑 우연히 마주쳤어.

 보너스 Talk Talk!

"걔랑 **우연히 마주쳤어.**"에 쓰인 **run into**는 사람을 우연히 마주쳤을 때뿐만 아니라 예상치
못한 문제 상황을 맞닥뜨렸을 때도 많이 쓰인답니다.

· **We ran into a few problems.**　　우린 몇 가지 문제를 맞닥뜨렸어.

무료 강의 및
MP3 바로 듣기

DAY 64 "욕조 물이 넘쳤어."

넘치다 | run over

이미 알고 있는 단어 **run**(흐르다)과 **over**(너머)를 함께 써서 **"욕조 물이 넘쳤어."**라고 말할 수 있어요. **run over**는 물이 용기 너머로 흘러나와 넘치는 느낌이에요.

run(흐르다) **+ over**(너머)
→ **넘치다**

🔊 **run over**를 사용한 문장을 듣고 따라 말해보세요.

욕조 물이 넘쳤어.
The water in the bathtub **ran over**.

수프가 넘치고 있어.
The soup is **running over**.

물이 넘치게 두지 마.
Don't let the water **run over**.

🔊) 이번에는 우리말만 보고 **run over**를 사용한 문장을 말해보세요.

욕조 물이 **넘쳤어**.	🎙️	The water in the bathtub **ran over**.

수프가 **넘치고 있어**.	🎙️	

물이 **넘치게** 두지 마.	🎙️	

🔊) **run over**를 사용한 실제 대화를 듣고 따라 말해보세요.

> 💬 화장실이 왜 온통 물바다인지 묻는 제임스에게
> 욕조 물이 넘쳤다고 말할 때
>
> James　　Why is there water everywhere?
> 　　　　　왜 사방이 물바다야?
>
> Lily　　　The water in the bathtub **ran over**.
> 　　　　　욕조 물이 넘쳤어.

무료 강의 및
MP3 바로 듣기

DAY 65 "나 돈 떨어졌어."

떨어지다 | run out of

이미 알고 있는 단어 **run**(~이 되다)과 **out**(다 없어진), **of**(~의)를 함께 써서 **"나 돈 떨어졌어."**라고 말할 수 있어요. **run out of**는 가지고 있던 것이 다 없어진 상태가 된 느낌이에요.

run(~이 되다) **+ out**(다 없어진) **+ of**(~의)
→ **떨어지다**

🔊 **run out of**를 사용한 문장을 듣고 따라 말해보세요.

나 돈 떨어졌어.
I ran out of money.

<로스트 시즌1>에서

내 차에 기름이 떨어졌어.
My car **ran out of** gas.

<브룩클린 나인-나인 시즌2>에서

우리 시간이 없어.
We're **running out of** time.

'시간이 떨어져 가고 있다'는 뜻으로 시간이 촉박한 상황에서 할 수 있는 말이에요.

<토르: 다크 월드>에서

◀)) 이번에는 우리말만 보고 **run out of**를 사용한 문장을 말해보세요.

| 나 돈 떨어졌어. | 🎤 I **ran out of** money. |

| 내 차에 기름이 떨어졌어. | 🎤 |

| 우리 시간이 없어. | 🎤 |

◀)) **run out of**를 사용한 실제 대화를 듣고 따라 말해보세요.

🎥 <브룩클린 나인-나인 시즌2>에서
오늘 또 늦은 제이크에게

Terry   What is your excuse today?
오늘은 무슨 핑계야?

Jake   My car **ran out of** gas.
내 차에 기름이 떨어졌어.

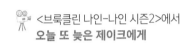

보너스 Talk Talk!

"나 돈 **떨어졌어**."라고 말하고 싶을 때, I don't have ~(~이 없다)가 떠올랐나요? 이런 상황에서 미국인들은 **run out of**를 가장 많이 써서 말한답니다.

- I don't have any money. ➔ 원래는 돈이 있었던 건지 알 수 없어요.
- **I ran out of money.** ➔ '있던 돈이 다 떨어졌다'는 의미가 강조돼요.

무료 강의 및
MP3 바로 듣기

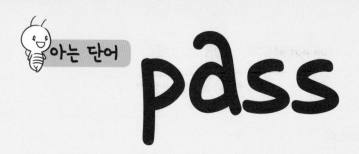

pass

pass는 **'지나가다'**라는 뜻으로 잘 알려져 있어요. pass는 시간이나 공간을 지나가는 느낌을 가진 단어예요. 그리고 이 단어는 축구에서 공을 패스한다고 말할 때처럼 **'전달하다'**라는 의미로 쓰기도 해요. 이제부터 이미 알고 있었던 단어 pass를 사용한 표현을 통해 미국인처럼 자연스럽게 말해봐요.

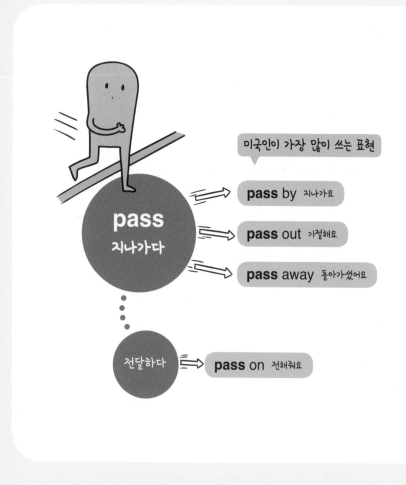

미국인이 가장 많이 쓰는 표현

pass by 지나가요

pass out 기절해요

pass away 돌아가셨어요

pass
지나가다

전달하다

pass on 전해줘요

DAY 66 "지나가는 중이었어."

지나가다 | pass by

이미 알고 있는 단어 **pass**(지나가다)와 **by**(옆에)를 함께 써서 **"지나가는 중이었어."**라고 말할 수 있어요. **pass by**는 누군 가가 아무런 영향을 미치지 않고 옆으로 쓱 스쳐 지나가는 느낌 이에요.

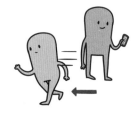

pass(지나가다) **+ by**(옆에)
→ 지나가다

🔊 **pass by**를 사용한 문장을 듣고 따라 말해보세요.

난 그냥 지나가는 중이었어.
I was just passing by.

<길모어 걸스 시즌1>에서

그 버스가 날 지나쳐 갔어.
The bus passed by me.

고양이가 방금 내 옆을 지나갔어.
A cat just passed by me.

🔊 이번에는 우리말만 보고 **pass by** 를 사용한 문장을 말해보세요.

난 그냥 **지나가는** 중이었어.	🎤 I was just **passing by**.

그 버스가 날 **지나쳐 갔어**.	🎤

고양이가 방금 내 옆을 **지나갔어**.	🎤

🔊 **pass by** 를 사용한 실제 대화를 듣고 따라 말해보세요.

🎥 <길모어 걸스 시즌1>에서
오디션을 보는 건지 묻는 클로디아에게

Claudia   **Are you auditioning, too?**
너도 오디션 보는 거야?

Lorelai   **No. I was just passing by.**
아니. 난 그냥 지나가는 중이었어.

무료 강의 및
MP3 바로 듣기

DAY 67

"축하 전해줘."

전해주다 | pass on

이미 알고 있는 단어 **pass**(전달하다)와 **on**(계속하여)을 함께 써서 **"축하 전해줘."**라고 말할 수 있어요. **pass on**은 바통을 넘겨주는 것처럼 무언가를 다음 사람에게 전달하는 느낌이에요.

pass(전달하다) **+ on**(계속하여)
→ **전해주다**

🔊 **pass on**을 사용한 문장을 듣고 따라 말해보세요.

축하 전해줘.
Pass on my congratulations.

메시지 전해줄 수 있어?
Can you **pass on** a message?

<미스 페레그린과 이상한 아이들의 집>에서

이걸 전해줘.
Pass it **on**.

pass와 on 사이에 it을 써서 간단하게 말하면 자연스러워요.

<루시>에서

이번에는 우리말만 보고 **pass on**을 사용한 문장을 말해보세요.

| 축하 **전해줘**. | **Pass on** my congratulations. |

| 메시지 **전해줄** 수 있어? | |

| 이걸 **전해줘**. | |

 pass on을 사용한 실제 대화를 듣고 따라 말해보세요.

> (=) 동생이 취직했다고 말하는 제임스에게
> **축하를 전해달라고 말할 때**

James   My sister got a job!
        내 동생 취직했어!

Lily   That's great! **Pass on** my congratulations.
        잘됐다!   축하 전해줘.

 보너스 Talk Talk!

"축하 **전해줘**."라고 말하고 싶을 때, deliver(전하다)가 떠올랐나요? 이런 상황에서 미국인들은 **pass on**을 가장 많이 써서 말한답니다.

· Deliver my congratulations.  자연스럽지 않아요.
· **Pass on my congratulations.**  '말을 전달한다'는 의미가 정확히 전달돼요.

무료 강의 및
MP3 바로 듣기

DAY 68 "기절할 거 같아."

기절하다 | pass out

이미 알고 있는 단어 **pass**(지나가다)와 **out**(밖으로)을 함께 써서 **"기절할 거 같아."**라고 말할 수 있어요. **pass out**은 '혼이 나 가다'라는 우리말 표현처럼 영혼이 밖으로 빠져나간 듯 의식을 잃 는 느낌이에요.

pass(지나가다) **+ out**(밖으로)
→ 기절하다

🔊 **pass out**을 사용한 문장을 듣고 따라 말해보세요.

기절할 거 같아.
I'm going to **pass out**.

<고스트버스터즈>에서

너 기절했었어.
You **passed out**.

<락 오브 에이지>에서

나 너무 배고파서 기절할 뻔했어.

거의 기절했다는 거니까
'기절할 뻔했다'는 의미가 돼요.

I almost **passed out** because I was starving.

🔊 이번에는 우리말만 보고 **pass out**을 사용한 문장을 말해보세요.

기절할 거 같아.	🎤 I'm going to **pass out**.
너 **기절했었어.**	🎤
나 너무 배고파서 **기절할** 뻔했어.	🎤

🔊 **pass out**을 사용한 실제 대화를 듣고 따라 말해보세요.

🎥 <락 오브 에이지>에서
락스타를 만난 기쁨에 쓰러졌었던 셰리에게

Sherrie　　**What happened?**
무슨 일이 있었던 거야?

Drew　　**You passed out.**
너 기절했었어.

무료 강의 및
MP3 바로 듣기

DAY 69

"할아버지께서 돌아가셨어."

돌아가시다 | pass away

이미 알고 있는 단어 **pass**(지나가다)와 **away**(사라져)를 함께 써서 **"할아버지께서 돌아가셨어."**라고 말할 수 있어요. **pass away**는 생을 지나 저 멀리 사라져 가는 느낌이에요.

pass(지나가다) **+ away**(사라져)
→ **돌아가시다**

🔊 **pass away**를 사용한 문장을 듣고 따라 말해보세요.

할아버지께서 돌아가셨어.
My grandfather **passed away**.

<로드 트립>에서

그분께서 몇 달 전에 돌아가셨어.
He **passed away** a few months ago.

<크리미널 마인드 시즌7>에서

내 아내는 여러 해 전에 세상을 떠났어.
My wife **passed away** many years ago.

<벤자민 버튼의 시간은 거꾸로 간다>에서

🔊 이번에는 우리말만 보고 **pass away**를 사용한 문장을 말해보세요.

| 할아버지께서 **돌아가셨어.** | 🎤 | My grandfather **passed away**. |

| 그분께서 몇 달 전에 **돌아가셨어.** | 🎤 | |

| 내 아내는 여러 해 전에 **세상을 떠났어.** | 🎤 | |

해커스톡 영어회화 10분의 기적 아는 단어로 말하기

🔊 **pass away**를 사용한 실제 대화를 듣고 따라 말해보세요.

🎬 <크리미널 마인드 시즌7>에서
아버지가 돌아가셨다고 말하며 애런에게

Beth
He **passed away** a few months ago.
아버지께서 몇 달 전에 돌아가셨어.

Aaron
I'm sorry.
유감이야.

보너스 Talk Talk!

"할아버지께서 **돌아가셨어.**"라고 말하고 싶을 때, die(죽다)를 써서 말하기 쉬운데요. 미국인들은 공손하고 경의를 표하는 느낌을 잘 살려주는 **pass away**를 훨씬 더 많이 써서 말한답니다.

- My grandfather died. ⇢ 덜 자연스러워요.
- **My grandfather passed away.** ⇢ 미국인들이 훨씬 더 많이 쓰는 표현이에요.

무료 강의 및
MP3 바로 듣기

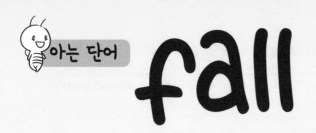

아는 단어 **fall**

fall은 **'떨어지다'**라는 뜻으로 잘 알고 계시죠? fall은 아래로 낙하하는 느낌의 단어예요. 이제부터 이미 알고 있었던 단어 fall을 사용한 표현을 통해 미국인처럼 자연스럽게 말해봐요.

미국인이 가장 많이 쓰는 표현

fall down 넘어졌어요

fall apart 엉망이에요

fall for 반했어요

fall behind 뒤처져요

fall
떨어지다

DAY 10 "넘어질 뻔했어."

넘어지다 | fall down

이미 알고 있는 단어 **fall**(떨어지다)과 **down**(아래로)을 함께 써서 **"넘어질 뻔했어."**라고 말할 수 있어요. **fall down**은 몸이 아래로 쏠려 바닥에 넘어지는 느낌이에요.

fall(떨어지다) **+ down**(아래로)
→ **넘어지다**

🔊 **fall down**을 사용한 문장을 듣고 따라 말해보세요.

나 넘어질 뻔했어.
I almost fell down.

> 거의 넘어졌다는 거니까
> '넘어질 뻔했다'는 의미가 돼요.

나 계단에서 넘어졌어.
I fell down the stairs.

<패밀리 가이 시즌4>에서

쟤 오늘 두 번 넘어졌어.
He fell down twice today.

<밥스 버거스 시즌8>에서

🔊)) 이번에는 우리말만 보고 **fall down**을 사용한 문장을 말해보세요.

나 **넘어질** 뻔했어.	🎤 I almost **fell down**.

나 계단에서 **넘어졌어**.	🎤

쟤 오늘 두 번 **넘어졌어**.	🎤

🔊)) **fall down**을 사용한 실제 대화를 듣고 따라 말해보세요.

🎥 <패밀리 가이 시즌4>에서
붕대 감은 팔과 다리를 보고 무슨 일이냐고 묻는 톰에게

Tom **What happened to you?**
무슨 일이 있었던 거야?

Brian I **fell down** the stairs.
나 계단에서 넘어졌어.

무료 강의 및
MP3 바로 듣기

DAY 71 "멘붕이야."

멘붕이다 | fall apart

이미 알고 있는 단어 **fall**(떨어지다)과 **apart**(조각조각)를 함께 써서 "**멘붕이야.**"라고 말할 수 있어요. **fall apart**는 '멘탈이 붕괴되다'라는 우리말 표현처럼 멘탈이 조각난 듯 혼란스러운 느낌이에요.

fall(떨어지다) **+ apart**(조각조각)
→ **멘붕이다**

🔊 **fall apart**를 사용한 문장을 듣고 따라 말해보세요.

나 멘붕이야.
I'm falling apart.

<심슨 가족 시즌28>에서

걔 멘붕이었어.
He fell apart.

<패밀리 가이 시즌11>에서

네가 좌절하는 걸 봤어.
I saw you fall apart.

위기에 맞닥뜨려서 공황 상태에 빠졌을 때 '좌절하다'라는 의미로도 쓸 수 있어요.

<은밀한 하녀들 시즌1>에서

🔊 이번에는 우리말만 보고 **fall apart**를 사용한 문장을 말해보세요.

나 멘붕이야.	🎤 I'm **falling apart**.

걔 멘붕이었어.	🎤

네가 **좌절하는** 걸 봤어.	🎤

🔊 **fall apart**를 사용한 실제 대화를 듣고 따라 말해보세요.

🎬 <심슨 가족 시즌28>에서
괜찮은지 묻는 마지에게

Marge   **Is everything alright?**
괜찮으세요?

Grampa   I'm **falling apart**.
나 멘붕이야.

 보너스 Talk Talk!

"**멘붕이야.**"에 쓰인 **fall apart**는 멘탈이 붕괴될 때뿐만 아니라 주변 상황이 엉망이 되어 혼란스러울 때도 많이 쓰인답니다.

· **Everything is falling apart.**   모든 게 다 엉망이야.

무료 강의 및
MP3 바로 듣기

DAY 72 "나 걔한테 반했어."

반하다 | fall for

이미 알고 있는 단어 **fall**(떨어지다)과 **for**(~을 향해)를 함께 써서 **"나 걔한테 반했어."**라고 말할 수 있어요. **fall for**는 '홀딱 빠지다'라는 우리말 표현처럼 좋아하는 사람에게 반해서 정신을 못 차리는 느낌이에요.

fall(떨어지다) + **for**(~을 향해)
→ 반하다

🔊 **fall for**를 사용한 문장을 듣고 따라 말해보세요.

나 걔한테 반했어.
I fell for her.

<못말리는 패밀리 시즌1>에서

너 나한테 반했어?
You **fell for** me?

<밥스 버거스 시즌5>에서

그는 너에게 반하지 않았어.
He didn't **fall for** you.

<존 터커 머스트 다이>에서

🔊 이번에는 우리말만 보고 **fall for**를 사용한 문장을 말해보세요.

| 나 걔한테 **반했어.** | 🎤 **I fell for** her. |

| 너 나한테 **반했어?** | 🎤 |

| 그는 너에게 **반하지** 않았어. | 🎤 |

🔊 **fall for**를 사용한 실제 대화를 듣고 따라 말해보세요.

🎥 <못말리는 패밀리 시즌1>에서
비아냥거리는 곱에게

Gob **Do you even know her?**
너 걔를 알기는 해?

Buster **I met her.** **I fell for her.**
나 걔 만났거든. 나 걔한테 반했어.

 보너스 Talk Talk!

"나 걔한테 **반했어.**"에 쓰인 **fall for**는 사람에게 반했을 때뿐만 아니라 함정에 빠진 것처럼 속임수에 넘어갔을 때도 많이 쓰인답니다.

- **You fell for it again!**   너 그거에 또 속았구나!

무료 강의 및
MP3 바로 듣기

DAY 73 "절대 트렌드에 뒤처지지 않아."

뒤처지다 | fall behind

이미 알고 있는 단어 **fall**(떨어지다)과 **behind**(뒤에)를 함께 써서 **"절대 트렌드에 뒤처지지 않아."**라고 말할 수 있어요. **fall behind**는 달리기 경주에서 낙오돼서 앞에 가는 사람들보다 뒤처진 듯한 느낌이에요.

fall(떨어지다) + **behind**(뒤에)
→ **뒤처지다**

🔊 **fall behind**를 사용한 문장을 듣고 따라 말해보세요.

걘 절대 트렌드에 뒤처지지 않아.
He never falls behind the trends.

뒤처지지 마.
Don't fall behind.

난 수업에서 뒤처지기 싫어.
I don't want to fall behind in my class.

<심슨 가족 시즌2>에서

🔊 이번에는 우리말만 보고 **fall behind**를 사용한 문장을 말해보세요.

걘 절대 트렌드에 **뒤처지지** 않아. 🎤	He never **falls behind** the trends.

뒤처지지 마. 🎤	

난 수업에서 **뒤처지기** 싫어. 🎤	

🔊 **fall behind**를 사용한 실제 대화를 듣고 따라 말해보세요.

🎬 <심슨 가족 시즌2>에서
아파서 학교를 빠져야 할 거라고 말하는 히버트 박사에게

Hibbert   You'll be missing a week of school.
난 일주일간 학교를 빠져야 할 거야.

Lisa   Oh, no.   I don't want to **fall behind** in my class.
오, 안돼.   난 수업에서 뒤처지기 싫어요.

무료 강의 및
MP3 바로 듣기

give

give는 '**주다**'라는 뜻으로 잘 알고 계시죠? give는 가지고 있던 것을 남에게 주는 단어예요. 이미 알고 있었던 단어 give를 사용한 표현을 통해 지금부터 미국인처럼 자연스럽게 말해봐요.

미국인이 가장 많이 쓰는 표현

give away 나눠줘요

give back 돌려줘요

give up 포기해요

give
주다

DAY 74

"그 샘플
누가 나눠주는 거야?"

나눠주다 | give away

이미 알고 있는 단어 **give**(주다)와 **away**(멀리)를 함께 써서 "그 샘플 누가 나눠주는 거야?"라고 말할 수 있어요. **give away** 는 공짜로 물건을 주는 느낌이에요.

give(주다) + **away**(멀리)
→ **나눠주다**

🔊 **give away**를 사용한 문장을 듣고 따라 말해보세요.

그 샘플 누가 나눠주는 거야?
Who's **giving away** those samples?

공짜 샌드위치를 나눠주고 있어.
They're **giving away** free sandwiches.

<베가스 베이케이션>에서

나 이거 남동생 줄 거야.
I'm going to **give** it **away** to my brother.

> 더 이상 필요하지 않은 물건을 누군가에게 대가 없이 줄 때에도 give away를 쓸 수 있어요.

이번에는 우리말만 보고 **give away**를 사용한 문장을 말해보세요.

그 샘플 누가 **나눠주는** 거야?　🎤　Who's **giving away** those samples?

공짜 샌드위치를 **나눠주고** 있어.　🎤

나 이거 남동생 **줄 거야.**　🎤

 give away를 사용한 실제 대화를 듣고 따라 말해보세요.

💬 이사 갈 때 소파를 가져가냐고 묻는 톰에게
안 가져갈 거라고 말할 때

Tom　　Are you going to take your sofa when you move?
　　　　이사 갈 때 네 소파를 가져갈 거야?

Lily　　No,　I'm going to **give** it **away** to my brother.
　　　　아니,　나 이거 남동생 줄 거야.

 보너스 Talk Talk!

"그 샘플 누가 **나눠주는** 거야?"라고 말하고 싶을 때, give(주다)를 써서 말하기 쉬운데요. 이런 상황에서 미국인들은 공짜로 나눠준다는 느낌을 잘 살려주는 **give away**를 가장 많이 써서 말한답니다.

- Who's giving those samples? → 덜 자연스러워요.
- **Who's giving away those samples?** → 미국인들이 훨씬 더 많이 쓰는 표현이에요.

무료 강의 및
MP3 바로 듣기

DAY 75 "내 돈 돌려줘!"

돌려주다 | give back

이미 알고 있는 단어 **give**(주다)와 **back**(다시)을 함께 써서 **"내 돈 돌려줘!"**라고 말할 수 있어요. **give back**은 이전에 받았던 물건을 다시 주인에게 돌려주는 느낌이에요.

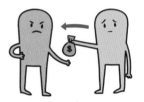

give(주다) + **back**(다시)
→ **돌려주다**

🔊 **give back**을 사용한 문장을 듣고 따라 말해보세요.

내 돈 돌려줘!
Give me **back** my money!

> 내게 돌려달라고 할 때는 give와 back 사이에 me를 넣어서 말해요.

내 옷 돌려줘.
Give me **back** my clothes.

<뉴스라디오 시즌2>에서

그거 나한데 언제 돌려줄 거야?
When will you **give** it **back** to me?

> 돌려줄 물건을 give와 back 사이에 넣어서 말하기도 해요.

🔊 이번에는 우리말만 보고 **give back**을 사용한 문장을 말해보세요.

내 돈 **돌려줘**!	🎙 **Give** me **back** my money!

내 옷 **돌려줘**.	🎙

그거 나한테 언제 **돌려줄** 거야?	🎙

🔊 **give back**을 사용한 실제 대화를 듣고 따라 말해보세요.

💬 돈을 빌려간 릴리에게
내 돈 돌려달라고 말할 때

James   **Give** me **back** my money!
내 돈 돌려줘!

Lily   What? I never borrowed money from you.
뭐라고? 난 너한테 돈 빌린 적 없어.

보너스 Talk Talk!

"내 돈 **돌려줘**!"라고 말하고 싶을 때, return(반환하다)이 떠올랐나요? 이런 상황에서 미국인들은 give back을 가장 많이 써서 말한답니다.

- Return my money! → 어색하게 들려요.
- **Give me back my money!** → '돌려달라'는 의미가 강조돼요.

무료 강의 및
MP3 바로 듣기

DAY 76 "난 포기야."

포기하다 | give up

이미 알고 있는 단어 **give**(주다)와 **up**(완전히)을 함께 써서 "난 포기야."라고 말할 수 있어요. **give up**은 내가 가진 것들을 다 포기하고 백기를 들어버리는 느낌이에요.

give(주다) **+ up**(완전히)
→ **포기하다**

🔊 **give up**을 사용한 문장을 듣고 따라 말해보세요.

난 포기야.
I give up.

<그때 그 시절 패밀리 시즌3>에서

절대 네 꿈을 포기하지 마.
Never give up on your dreams.

<그때 그 시절 패밀리 시즌2>에서

난 절대 희망을 잃지 않아.
I never give up hope.

<심슨 가족 시즌26>에서

🔊)) 이번에는 우리말만 보고 **give up**을 사용한 문장을 말해보세요.

난 포기야.	🎤 **I give up.**

절대 네 꿈을 포기하지 마.	🎤

난 절대 희망을 잃지 않아.	🎤

🔊)) **give up**을 사용한 실제 대화를 듣고 따라 말해보세요.

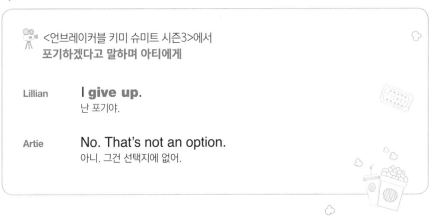

🎥 <언브레이커블 키미 슈미트 시즌3>에서
포기하겠다고 말하며 아티에게

Lillian   **I give up.**
            난 포기야.

Artie   **No. That's not an option.**
            아니. 그건 선택지에 없어.

무료 강의 및
MP3 바로 듣기

아는 단어 make

make는 '**만들다**'라는 뜻으로 잘 알고 계시죠? make는 없던 것을 만들기도 하고, 원래 있던 것을 색다르게 만들어 버리기도 하는 단어예요. 이미 알고 있었던 단어 make를 사용한 표현을 통해 지금부터 미국인처럼 자연스럽게 말해봐요.

미국인이 가장 많이 쓰는 표현

make 만들다

make over 변신시켜요

make up 지어내요

make up for 만회해요

DAY 77

"우리가 쟤 변신시켜주자."

변신시키다 | make over

이미 알고 있는 단어 **make**(만들다)와 **over**(전부)를 함께 써서 **"우리가 쟤 변신시켜주자."**라고 말할 수 있어요. **make over** 는 머리부터 발끝까지 꾸며서 몰라보게 변신시키는 느낌이에요.

make(만들다) **+ over**(전부)
→ **변신시키다**

🔊) **make over**를 사용한 문장을 듣고 따라 말해보세요.

우리가 쟤 변신시켜주자.
Let's make her over.

> 변신시킬 대상을 make와 over 사이에 넣어서 말해요

네가 쟤 변신시켰어?
You made her over?

<라일리의 세상 시즌1>에서

넌 꼭 변신시켜야겠어.
I must make you over.

<언브레이커블 키미 슈미트 시즌1>에서

🔊 이번에는 우리말만 보고 **make over**를 사용한 문장을 말해보세요.

우리가 쟤 **변신시켜주자**.	🎤 Let's **make** her **over**.

네가 쟬 **변신시켰어**? 🎤

널 꼭 **변신시켜야겠어**. 🎤

🔊 **make over**를 사용한 실제 대화를 듣고 따라 말해보세요.

🎬 <언브레이커블 키미 슈미트 시즌1>에서
파티에 가는 키미에게

Titus   I must **make** you **over**.
널 꼭 변신시켜야겠어.

Kimmy   I feel like Cinderella.
신데렐라가 된 것 같네.

 보너스 Talk Talk!

"우리가 쟤 **변신시켜주자**."라고 말하고 싶을 때, decorate(장식하다)가 떠올랐나요? 이런 상황에서 미국인들은 **make over**를 가장 많이 써서 말한답니다.

- Let's decorate her. ⇨ decorate는 사람에게 쓰지 않아요.
- **Let's make her over.** ⇨ '몰라보게 꾸며주겠다'는 의미가 강조돼요.

무료 강의 및
MP3 바로 듣기

DAY 78 "뭐라도 지어내 봐."

지어내다 | make up

이미 알고 있는 단어 **make**(만들다)와 **up**(완전히)을 함께 써서 "뭐라도 지어내 봐."라고 말할 수 있어요. **make up**은 없는 이야기를 상상해서 완전히 다 만들어 내는 느낌이에요.

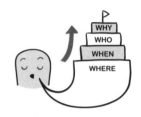

make(만들다) + **up**(완전히)
→ **지어내다**

🔊 **make up**을 사용한 문장을 듣고 따라 말해보세요.

뭐라도 지어내 봐.
Make something **up**.

'뭐라도 지어내다'를 말할 때는 something을 make와 up 사이에 넣어 말하면 자연스러워요.

<스튜어트 리틀 2>에서

내가 뭐라도 지어낼게.
I'll **make** something **up**.

<프렌즈 시즌4>에서

변명 지어내지 마.
Don't **make up** excuses.

<매드맨 시즌3>에서

🔊) 이번에는 우리말만 보고 **make up**을 사용한 문장을 말해보세요.

뭐라도 **지어내** 봐.	🎤 **Make** something **up**.
내가 뭐라도 **지어낼게**.	🎤
변명 **지어내지** 마.	🎤

🔊) **make up**을 사용한 실제 대화를 듣고 따라 말해보세요.

🎬 <스튜어트 리틀 2>에서
둘러댈 말을 못 찾는 친구 윌에게

Will   **What will I tell her?**
나 그 사람한테 뭐라고 말해?

George   **Make** something **up**.
뭐라도 지어내 봐.

DAY 28

해커스톡 영어회화 10분의 기적 아는 단어로 말하기

DAY 79 "실수를 만회하고 싶어."

만회하다 | make up for

이미 알고 있는 단어 **make**(만들다)와 **up**(완전히), **for**(~에 대해)를 함께 써서 **"실수를 만회하고 싶어."**라고 말할 수 있어요. **make up for**는 내 잘못으로 손상된 부분을 다시 온전한 상태로 만드는 느낌이에요.

make(만들다) + **up**(완전히) + **for**(~에 대해)
→ **만회하다**

🔊 **make up for**를 사용한 문장을 듣고 따라 말해보세요.

내 실수를 만회하고 싶어.
I want to **make up for** my mistakes.

나 그 일 만회하고 싶어.
I want to **make up for** it.

<슈츠 시즌2>에서

우린 잃어버린 시간을 만회해야 돼.
We need to **make up for** lost time.

> 일을 예상보다 늦게 시작해서 놓친 시간을 만회하자고 할 때 써요.

<타이탄>에서

🔊)) 이번에는 우리말만 보고 **make up for**를 사용한 문장을 말해보세요.

내 실수를 **만회하고** 싶어.	🎤 I want to **make up for** my mistakes.

나 그 일 **만회하고** 싶어.	🎤

우린 잃어버린 시간을 **만회해야** 돼.	🎤

🔊)) **make up for**를 사용한 실제 대화를 듣고 따라 말해보세요.

🎬 <슈츠 시즌2>에서
지나치게 행동했던 것을 사과하며 하비에게

Daniel   **I want to make up for it.**
나 그 일 만회하고 싶어.

Harvey   **It's not necessary, Daniel.**
그럴 필요 없어요, 다니엘.

무료 강의 및
MP3 바로 듣기

show

show는 **'보여주다'**라는 뜻으로 잘 알려져 있어요. show는 뭔가를 드러내서 사람들에게 보여주는 단어예요. 이미 알고 있었던 단어 show를 사용한 표현을 통해 지금부터 미국인처럼 자연스럽게 말해봐요.

미국인이 가장 많이 쓰는 표현

show 보여주다

show around   구경시켜줘요

show off   잘난 척해요

show up   나타나요

DAY 80 "집 구경시켜줄게."

구경시켜주다 | show around

이미 알고 있는 단어 **show**(보여주다)와 **around**(여기저기)를 함께 써서 **"집 구경시켜줄게."**라고 말할 수 있어요. **show around**는 상대방에게 여기저기를 보여주는 느낌이에요.

show(보여주다) **+ around**(여기저기)
→ **구경시켜주다**

🔊 **show around**를 사용한 문장을 듣고 따라 말해보세요.

구경시켜줄 사람을 show와
around 사이에 넣어서 말해요.

집 구경시켜줄게.
Let me **show** you **around** the house.

<아메리칸 대드! 시즌8>에서

내가 구경시켜줄게.
I'll **show** you **around**.

<쉐임리스 시즌7>에서

캠퍼스 구경시켜줘서 고마워.
Thanks for **showing** me **around** the campus.

<프로그램>에서

🔊 이번에는 우리말만 보고 **show around**를 사용한 문장을 말해보세요.

집 **구경시켜줄게.**　　　　　　🎤 Let me **show** you **around** the house.

내가 **구경시켜줄게.**　　　　　　🎤

캠퍼스 **구경시켜줘서 고마워.**　　🎤

🔊 **show around**를 사용한 실제 대화를 듣고 따라 말해보세요.

🎬 <쉐임리스 시즌7>에서
첫 출근한 티토에게

Tito　　　　Nice to meet you.
　　　　　　만나서 반가워요.

Phillip　　　Alright, follow me. I'll **show** you **around**.
　　　　　　그래요, 날 따라오세요.　　내가 구경시켜줄게요.

무료 강의 및
MP3 바로 듣기

DAY 81 "잘난 척 좀 그만해."

잘난 척하다 | show off

이미 알고 있는 단어 **show**(보여주다)와 **off**(널리)를 함께 써서 **"잘난 척 좀 그만해."**라고 말할 수 있어요. **show off**는 자랑거리를 사람들의 눈에 띄도록 으스대며 널리 보여주는 느낌이에요.

show(보여주다) **+ off**(널리)
→ **잘난 척하다**

🔊 **show off**를 사용한 문장을 듣고 따라 말해보세요.

잘난 척 좀 그만해.
Stop **showing off**.

잘난 척 좀 해도 돼.
You can **show off**.

<엑스맨: 퍼스트 클래스>에서

걘 근육 자랑하기를 좋아해.
He likes to **show off** his muscles.

🔊) 이번에는 우리말만 보고 **show off**를 사용한 문장을 말해보세요.

| 잘난 척 좀 그만해. | 🎤 Stop **showing off**. |

| 잘난 척 좀 해도 돼. | 🎤 |

| 걘 근육 **자랑하기**를 좋아해. | 🎤 |

🔊) **show off**를 사용한 실제 대화를 듣고 따라 말해보세요.

💬 에릭은 왜 티셔츠를 안 입냐는 릴리에게
걘 근육 자랑하는 걸 좋아한다고 말할 때

Lily   Why doesn't Eric wear a T-shirt?
에릭은 왜 티셔츠를 안 입는 거야?

James   He likes to **show off** his muscles.
걘 근육 자랑하기를 좋아해.

무료 강의 및
MP3 바로 듣기

DAY 82

"교수님이 안 나타났어."

나타나다 | show up

이미 알고 있는 단어 **show**(보여주다)와 **up**(위로)을 함께 써서 **"교수님이 안 나타났어."**라고 말할 수 있어요. **show up**은 무대 아래에 숨어 있던 사람이 위로 올라오며 등장하는 것처럼, 오기로 했던 누군가가 짜잔~하고 나타나는 느낌이에요.

show(보여주다) + **up**(위로)
→ **나타나다**

🔊 **show up**을 사용한 문장을 듣고 따라 말해보세요.

교수님이 안 나타났어.
The professor didn't **show up**.

걔 회사에 늦게 왔어.
He **showed up** late for work.

<굿 닥터 시즌1>에서

왜 아무도 안 온 거야?
Why didn't anyone **show up**?

<하우스 버니>에서

🔊 이번에는 우리말만 보고 **show up**을 사용한 문장을 말해보세요.

교수님이 안 **나타났어.**	🎤 The professor didn't **show up**.
걔 회사에 늦게 **왔어.**	🎤
왜 아무도 안 **온** 거야?	🎤

🔊 **show up**을 사용한 실제 대화를 듣고 따라 말해보세요.

💬 지금 수업 시간 아니냐고 묻는 릴리에게
교수님이 수업에 안 오셨다고 말할 때

Lily
Don't you have class right now?
너 지금 수업 있지 않아?

James
Yeah. But the professor didn't **show up**.
맞아. 그런데   교수님이 안 나타났어.

 보너스 Talk Talk!

"교수님이 안 **나타났어.**"라고 말하고 싶을 때, appear(나타나다)를 써서 말하기 쉬운데요. 미국인들은 오기로 했던 사람이 그 장소에 나타나는 느낌을 잘 살려주는 **show up**을 훨씬 더 많이 써서 말한답니다.

무료 강의 및
MP3 바로 듣기

· The professor didn't appear. ⇨ 덜 자연스러워요.

· **The professor didn't show up.** ⇨ 미국인들이 훨씬 더 많이 쓰는 표현이에요.

아는 단어 **break**

break는 '**부서지다**'라는 뜻으로 잘 알고 계시죠? break는 실제로 무언가를 부술 수도 있고, 좋았던 관계나 감정 등을 깨버릴 수도 있어요. 이제부터 이미 알고 있었던 단어 break를 사용한 표현을 통해 미국인처럼 자연스럽게 말해봐요.

미국인이 가장 많이 쓰는 표현

break down 고장 나요

break out 뽀루지가 나요

break up 헤어져요

break
부서지다

DAY 83 "이거 또 고장 났어."

고장 나다 | break down

이미 알고 있는 단어 **break**(부서지다)와 **down**(아래로)을 함께 써서 **"이거 또 고장 났어."**라고 말할 수 있어요. **break down**은 기계가 부서져 부품들이 아래로 떨어지는 느낌이에요.

break(부서지다) **+ down**(아래로)
→ **고장 나다**

🔊 **break down**을 사용한 문장을 듣고 따라 말해보세요.

이거 또 고장 났어.
It **broke down** again.

<트위스터>에서

내 차 고장 났어.
My car **broke down**.

<더 리그 시즌1>에서

에어컨이 고장 났어.
The air conditioning **broke down**.

🔊)) 이번에는 우리말만 보고 **break down**을 사용한 문장을 말해보세요.

이거 또 고장 났어.	🎤 It **broke down** again.

내 차 고장 났어.	🎤

에어컨이 고장 났어.	🎤

🔊)) **break down**을 사용한 실제 대화를 듣고 따라 말해보세요.

🎥 <더 리그 시즌1>에서
도로에 멈춰 선 차를 보고 다가오는 시바에게

Shiva   Is your car OK?
네 차 괜찮아?

Ruxin   No,   my car **broke down**.
아니,   내 차 고장 났어.

해커스톡 영어회화 10분의 기적 아는 단어로 말하기

무료 강의 및
MP3 바로 듣기

DAY 84

"초콜릿 먹으면 뽀루지가 나."

뽀루지가 나다 | break out

이미 알고 있는 단어 **break**(부서지다)와 **out**(밖으로)을 함께 써서 **"초콜릿 먹으면 뽀루지가 나."**라고 말할 수 있어요. **break out**은 '피부가 뒤집어졌다'라는 우리말 표현처럼 뽀루지가 피부 밖으로 나는 느낌이에요.

break(부서지다) **+ out**(밖으로)
→ 뽀루지가 나다

🔊 **break out**을 사용한 문장을 듣고 따라 말해보세요.

난 초콜릿 먹으면 뽀루지가 나.
Chocolate makes me **break out**.

난 피자를 먹으면 뽀루지가 나.
Pizza makes me **break out**.

<트위스티드>에서

내 피부에 뽀루지가 나고 있어.
My skin is **breaking out**.

<프레이저 시즌10>에서

이번에는 우리말만 보고 **break out**을 사용한 문장을 말해보세요.

난 초콜릿 먹으면 **뽀루지가 나.**	🎤 Chocolate makes me **break out.**

난 피자를 먹으면 **뽀루지가 나.**	🎤

내 피부에 **뽀루지가 나고 있어.**	🎤

 break out을 사용한 실제 대화를 듣고 따라 말해보세요.

💬 초콜릿을 권하는 제임스에게
초콜릿을 먹으면 뽀루지가 난다고 말할 때

James   **Do you want some chocolate?**
        초콜릿 좀 줄까?

Lily   **No thanks.**   **Chocolate makes me break out.**
     괜찮아.   난 초콜릿 먹으면 뽀루지가 나.

 보너스 Talk Talk!

"초콜릿 먹으면 **뽀루지가 나.**"에 쓰인 **break out**은 피부에 뽀루지가 날 때뿐만 아니라 갑자기 웃음이 터져 나올 때도 많이 쓰인답니다.

· **I started breaking out in laughter.**   난 웃음이 빵 터지기 시작했어.

무료 강의 및
MP3 바로 듣기

DAY 85

"나 걔랑 헤어졌어."

헤어지다 | break up

이미 알고 있는 단어 **break**(부서지다)와 **up**(완전히)을 함께 써서
"나 걔랑 헤어졌어."라고 말할 수 있어요. **break up**은 '커플
이 깨지다'라는 말처럼 사랑하는 사람과의 관계가 완전히 산산조
각이 나버린 느낌이에요.

break(부서지다) **+ up**(완전히)
→ **헤어지다**

🔊 **break up**을 사용한 문장을 듣고 따라 말해보세요.

나 걔랑 헤어졌어.
I broke up with him.

> 누구와 헤어졌는지 말할 때는
> 뒤에 with를 붙여서 말해요.

<트와일라잇>에서

너 언제 헤어졌어?
When did you break up?

<유브 갓 메일>에서

너 나랑 헤어지자는 거야?
Are you breaking up with me?

<노트북>에서

🔊) 이번에는 우리말만 보고 **break up**을 사용한 문장을 말해보세요.

| 나 걔랑 **헤어졌어.** | 🎙 | I **broke up** with him. |

| 너 언제 **헤어졌어?** | 🎙 |

| 너 나랑 **헤어지자**는 거야? | 🎙 |

🔊) **break up**을 사용한 실제 대화를 듣고 따라 말해보세요.

🎬 <트와일라잇>에서
무슨 일인지 묻는 아빠 찰리에게

Bella   I **broke up** with him.
나 걔랑 헤어졌어.

Charlie   I thought you liked him.
난 네가 걜 좋아하는 줄 알았는데.

 보너스 Talk Talk!

"나 걔랑 **헤어졌어.**"라고 말하고 싶을 때, **separate**(분리되다)가 떠올랐나요? 이런 상황에서
미국인들은 **break up**을 가장 많이 써서 말한답니다.

- He and I are separated. → 별거 중으로 오해할 수 있어요.
- I broke up with him. → '사귀다가 깨졌다'는 의미가 강조돼요.

무료 강의 및
MP3 바로 듣기

move

move는 **'움직이다'**라는 뜻으로 잘 알고 계실 거예요. move는 직접 몸을 움직이는 것뿐만 아니라 일이 진행된다는 의미까지 가진 단어예요. 이미 알고 있었던 단어 move를 사용한 표현을 통해 지금부터 미국인처럼 자연스럽게 말해봐요.

미국인이 가장 많이 쓰는 표현

move in 이사 와요

move up 승진해요

move on 넘어가요

move
움직이다

DAY 86 "나 막 이사 왔어."

이사 오다 | move in

이미 알고 있는 단어 **move**(움직이다)와 **in**(안에)을 함께 써서 **"나 막 이사 왔어."**라고 말할 수 있어요. **move in**은 이삿짐을 가지고 새집 안으로 들어오는 느낌이에요.

move(움직이다) **+ in**(안에)
→ **이사 오다**

🔊 **move in**을 사용한 문장을 듣고 따라 말해보세요.

나 막 이사 왔어.
I just **moved in**.

<심슨 가족 시즌23>에서

너 언제 이사 와?
When are you **moving in**?

<셜록 홈즈>에서

걔 오늘 이사 와.
He's **moving in** today.

<다운튼 애비 시즌6>에서

🔊 이번에는 우리말만 보고 **move in**을 사용한 문장을 말해보세요.

나 막 **이사 왔어.**	🎤 I just **moved in**.

너 언제 **이사 와?**	🎤

걔 오늘 **이사 와.**	🎤

🔊 **move in**을 사용한 실제 대화를 듣고 따라 말해보세요.

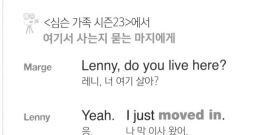

🎬 <심슨 가족 시즌23>에서
여기서 사는지 묻는 마지에게

Marge　　Lenny, do you live here?
　　　　　레니, 너 여기 살아?

Lenny　　Yeah.　I just **moved in**.
　　　　　응.　　나 막 이사 왔어.

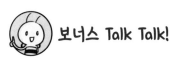 보너스 Talk Talk!

"나 막 **이사 왔어.**"에 쓰인 **move in**에 '함께'라는 뜻의 **together**를 붙여 말하면 '같이 살다'라는 의미로 말할 수 있어요. 함께 이사 온다는 말은 결국 같이 산다는 말이니까요~

· **Let's move in together.**　　　　우리 같이 살자.

무료 강의 및
MP3 바로 듣기

DAY 87 "나 승진했어."

승진하다 | move up

이미 알고 있는 단어 **move**(움직이다)와 **up**(위로)을 함께 써서 **"나 승진했어."**라고 말할 수 있어요. **move up**은 '높은 자리에 올라간다'라는 우리말 표현처럼 사회에서의 내 지위가 위로 올라가는 느낌이에요.

move(움직이다) **+ up**(위로)
→ **승진하다**

🔊 **move up**을 사용한 문장을 듣고 따라 말해보세요.

나 승진했어.
I moved up.

<우리는 동물원을 샀다>에서

나 승진해.
I'm moving up.

<악마는 프라다를 입는다>에서

네가 승진할 거라고 장담해.
I'm sure you'll move up.

🔊 이번에는 우리말만 보고 **move up**을 사용한 문장을 말해보세요.

| 나 승진했어. | 🎙 I **moved up**. |

| 나 승진해. | 🎙 |

| 네가 **승진할** 거라고 장담해. | 🎙 |

🔊 **move up**을 사용한 실제 대화를 듣고 따라 말해보세요.

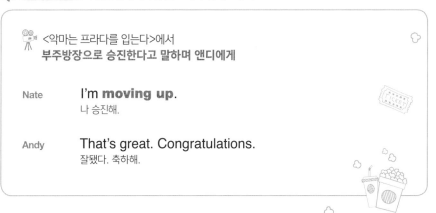

🎬 <악마는 프라다를 입는다>에서
부주방장으로 승진한다고 말하며 앤디에게

Nate   I'm **moving up**.
나 승진해.

Andy   That's great. Congratulations.
잘됐다. 축하해.

 보너스 Talk Talk!

"나 승진했어."에 쓰인 **move up**은 회사에서 승진했다고 할 때뿐만 아니라 출세했다고 할 때도 많이 쓰인답니다. 이때에는 '이 세상에서'라는 뜻의 in the world를 함께 써서 말해보세요!

· I'm sure you'll **move up in the world** soon.   네가 곧 출세할 거라고 장담해.

무료 강의 및
MP3 바로 듣기

DAY 88 "그냥 넘어가자."

넘어가다 | move on

이미 알고 있는 단어 **move**(움직이다)와 **on**(쪽)을 함께 써서 **"그냥 넘어가자."**라고 말할 수 있어요. **move on**은 중요하지 않은 일은 넘겨버리고 쭉 앞으로 나아가는 느낌이에요.

move(움직이다) **+ on**(쪽)
→ **넘어가다**

🔊 **move on**을 사용한 문장을 듣고 따라 말해보세요.

그냥 넘어가자.
Let's **move on**.

그냥 좀 넘어갈 수 있을까?
Can we just **move on**?

<브룩클린 나인-나인 시즌3>에서

다음 질문으로 넘어가도 될까?
Can we **move on** to the next question?

<헬프>에서

🔊 이번에는 우리말만 보고 **move on**을 사용한 문장을 말해보세요.

그냥 넘어가자.   🎤 Let's **move on**.

그냥 좀 넘어갈 수 있을까?   🎤

다음 질문으로 넘어가도 될까?   🎤

🔊 **move on**을 사용한 실제 대화를 듣고 따라 말해보세요.

💬 왜 생일인 걸 말하지 않았냐고 하는 릴리에게
별로 중요한 일이 아니니 넘어가자고 말할 때

Lily   Why didn't you tell me it was your birthday?
너 생일인 거 왜 말 안 했어?

James   Let's **move on**.
그냥 넘어가자.

무료 강의 및
MP3 바로 듣기

아는 단어 **pick**

pick은 '**선택하다**'라는 뜻으로 잘 알고 계시죠? pick은 여러 개 중에 하나를 고르는 단어예요. 이미 알고 있었던 단어 pick을 사용한 표현을 통해 지금부터 미국인처럼 자연스럽게 말해봐요.

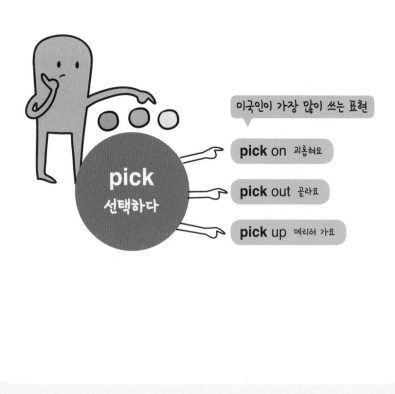

미국인이 가장 많이 쓰는 표현

pick on 괴롭혀요

pick out 골라요

pick up 데리러 가요

pick
선택하다

DAY 89 "날 좀 그만 괴롭혀."

괴롭히다 | pick on

이미 알고 있는 단어 **pick**(선택하다)과 **on**(~을 겨냥하여)을 함께 써서 **"날 좀 그만 괴롭혀."**라고 말할 수 있어요. **pick on**은 한 명을 딱 골라서 괴롭히며 못살게 구는 느낌이에요.

pick(선택하다) **+ on**(~을 겨냥하여)
→ **괴롭히다**

🔊 **pick on**을 사용한 문장을 듣고 따라 말해보세요.

날 좀 그만 **괴롭혀**.
Stop **picking on** me.

<글리 시즌3>에서

걔네가 널 **괴롭혔어**?
They **picked on** you?

<에이전트 오브 쉴드 시즌4>에서

내 친구들이 날 **괴롭히고** 있어.
My friends are **picking on** me.

<엠파이어 시즌1>에서

🔊 이번에는 우리말만 보고 **pick on** 을 사용한 문장을 말해보세요.

| 날 좀 그만 **괴롭혀**. | 🎤 Stop **picking on** me. |

| 걔네가 널 **괴롭혔어**? | 🎤 |

| 내 친구들이 날 **괴롭히고** 있어. | 🎤 |

🔊 **pick on** 을 사용한 실제 대화를 듣고 따라 말해보세요.

🎥 <에이전트 오브 쉴드 시즌4>에서
네 명의 형제들과 자랐다고 하는 엘티에게

Quake   **They picked on you?**
걔네가 널 괴롭혔어?

LT   No, I picked on them.
아니, 내가 걔네를 괴롭혔어.

무료 강의 및
MP3 바로 듣기

DAY 90 "뭐 골랐어?"

고르다 | pick out

이미 알고 있는 단어 **pick**(선택하다)과 **out**(밖으로)을 함께 써서
"뭐 골랐어?"라고 말할 수 있어요. **pick out**은 여럿 가운데서
하나를 선택해 꺼내는 느낌이에요.

pick(선택하다) **+ out**(밖으로)
→ 고르다

🔊 **pick out**을 사용한 문장을 듣고 따라 말해보세요.

뭐 골랐어?
What did you pick out?

<사우스 파크 시즌21>에서

네가 원하는 걸로 골라.
Pick out what you want.

<길모어 걸스 시즌3>에서

가구 네가 골랐어?
Did you **pick out** the furniture?

<오빌 시즌1>에서

🔊)) 이번에는 우리말만 보고 **pick out**을 사용한 문장을 말해보세요.

뭐 **골랐어**?	🎤	What did you **pick out**?

네가 원하는 걸로 **골라**.	🎤

가구 네가 **골랐어**?	🎤

🔊)) **pick out**을 사용한 실제 대화를 듣고 따라 말해보세요.

🎬 <길모어 걸스 시즌3>에서
카탈로그를 보고 원하는 걸 알려달라고 하며 딘에게

Rory   **Pick out** what you want,   and I'll order it.
네가 원하는 걸로 골라,   그럼 내가 주문할게.

Dean   I will.
그렇게 할게.

 보너스 Talk Talk!

"뭐 **골랐어**?"라고 말하고 싶을 때, **choose**(선택하다)를 써서 말하기 쉬운데요. 이런 상황에서 미국인들은 하나를 딱 골라잡았다는 느낌을 잘 살려주는 **pick out**을 가장 많이 써서 말한답니다.

- What did you choose? → 무미건조한 느낌이에요.
- **What did you pick out?** → 미국인들이 훨씬 더 많이 쓰는 표현이에요.

무료 강의 및
MP3 바로 듣기

DAY 91 "데리러 갈게."

데리러 가다 | pick up

이미 알고 있는 단어 **pick**(선택하다)과 **up**(위로)을 함께 써서
"데리러 갈게."라고 말할 수 있어요. **pick up**은 우리가 흔히
쓰는 '픽업하다'라는 말처럼 누군가를 차로 데리러 간다는 느낌
이에요.

pick(선택하다) **+ up**(위로)
→ **데리러 가다**

🔊 **pick up**을 사용한 문장을 듣고 따라 말해보세요.

넌 데리러 갈게.
I'll pick you up.

> 데리러 가는 대상을 pick과 up 사이에
> 넣어서 말해요.

내가 일 끝나고 걔 데리러 갈게.
I'll pick her up after work.

<애틀랜타 시즌1>에서

나 데리러 올 수 있어?
Can you pick me up?

<핍쇼 시즌4>에서

◀)) 이번에는 우리말만 보고 **pick up**을 사용한 문장을 말해보세요.

널 데리러 갈게.　　　　　🎤　I'll **pick** you **up**.

내가 일 끝나고 걔 데리러 갈게.　　🎤

나 **데리러** 올 수 있어?　　　🎤

◀)) **pick up**을 사용한 실제 대화를 듣고 따라 말해보세요.

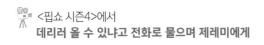

🎥 <핍쇼 시즌4>에서
데리러 올 수 있냐고 전화로 물으며 제레미에게

Nancy　　**Can you pick me up?**
　　　　　나 데리러 올 수 있어?

Jeremy　　**Right, hold on. I'll be right there.**
　　　　　그럼, 기다려. 내가 바로 거기로 갈게.

무료 강의 및
MP3 바로 듣기

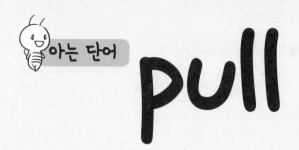

아는 단어 **pull**

pull은 **'당기다'**라는 뜻으로 잘 알려져 있어요. pull은 힘을 주어 당기는 단어로, 무언가를 **'끌다'**라는 의미로도 쓸 수 있어요. 이제부터 이미 알고 있었던 단어 pull을 사용한 표현을 통해 미국인처럼 자연스럽게 말해봐요.

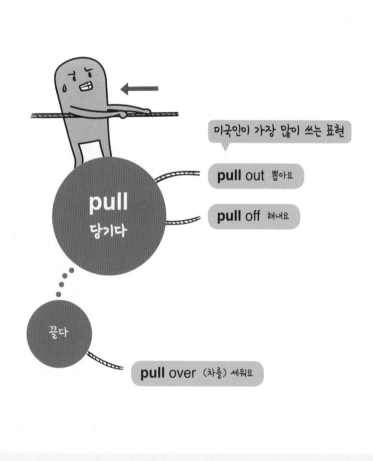

DAY 92 "플러그 뽑아."

뽑다 | pull out

이미 알고 있는 단어 **pull**(당기다)과 **out**(밖으로)을 함께 써서
"플러그 뽑아."라고 말할 수 있어요. **pull out**은 콘센트에 꽂혀 있는 플러그나 코르크 마개 등을 당겨서 밖으로 뽑아내는 느낌이에요.

pull(당기다) **+ out**(밖으로)
→ **뽑다**

🔊 **pull out**을 사용한 문장을 듣고 따라 말해보세요.

플러그 뽑아.
Pull the plug **out**.

> 뽑고자 하는 것을 pull과 out 사이에 넣어서 말해요.

그거 내가 뽑아줄게.
Let me pull it out.

<밥스 버거스 시즌1>에서

나 이 병에서 코르크 마개를 못 뽑겠어.
I can't pull the cork out of the bottle.

🔊 이번에는 우리말만 보고 **pull out**을 사용한 문장을 말해보세요.

플러그 뽑아.	🎤 **Pull** the plug **out**.
그거 내가 **뽑아**줄게.	🎤
나 이 병에서 코르크 마개를 못 **뽑겠어**.	🎤

🔊 **pull out**을 사용한 실제 대화를 듣고 따라 말해보세요.

💬 히터가 안 꺼진다는 릴리에게
플러그를 뽑으라고 할 때

Lily
Oh, this heater won't turn off!
아, 이 히터가 안 꺼져!

James
Well, then pull the plug out.
흠, 그럼   플러그 뽑아.

무료 강의 및
MP3 바로 듣기

DAY 93 "차 세워."

(차를) 세우다 | pull over

이미 알고 있는 단어 **pull**(끌다)과 **over**(너머)를 함께 써서 **"차 세워."**라고 말할 수 있어요. **pull over**는 도로를 달리던 차를 저 너머에 갓길로 끌어 잠깐 세우는 느낌이에요.

pull(끌다) **+ over**(너머)
→ **(차를) 세우다**

🔊 **pull over**를 사용한 문장을 듣고 따라 말해보세요.

차 세워.
Pull over.

<판타스틱 4>에서

여기서 세워줘.
Pull over here, please.

<스푹스 시즌9>에서

우리 차 세워야돼.
We need to **pull over**.

<미스 리틀 선샤인>에서

◀) 이번에는 우리말만 보고 **pull over**를 사용한 문장을 말해보세요.

차 세워.	🎤 **Pull over**.

여기서 세워줘.	🎤

우리 차 세워야돼.	🎤

◀) **pull over**를 사용한 실제 대화를 듣고 따라 말해보세요.

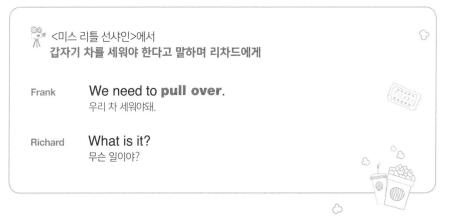

🎬 <미스 리틀 선샤인>에서
갑자기 차를 세워야 한다고 말하며 리차드에게

Frank   We need to **pull over**.
           우리 차 세워야돼.

Richard   What is it?
           무슨 일이야?

 보너스 Talk Talk!

"**차 세워.**"라고 말하고 싶을 때, park(주차하다)가 떠올랐나요? 이런 상황에서 미국인들은
pull over를 가장 많이 써서 말한답니다.

• Park there. ➡ 아예 주차하라는 의미로 오해할 수 있어요.
• **Pull over.** ➡ '차를 갓길에 잠깐 세운다'는 의미가 정확히 전달돼요.

무료 강의 및
MP3 바로 듣기

DAY 94 "내가 해냈어."

해내다 | pull off

이미 알고 있는 단어 **pull**(당기다)과 **off**(제거하여)를 함께 써서 "내가 해냈어."라고 말할 수 있어요. **pull off** 는 앞을 가로막고 있는 장애물을 잡아당겨 없애고 어려운 일을 이뤄내는 느낌이에요.

pull(당기다) **+ off**(제거하여)
→ **해내다**

🔊 **pull off** 를 사용한 문장을 듣고 따라 말해보세요.

내가 그 일을 해냈어.
I pulled it off.

> pull과 off 사이에 it을 넣어 간단하게 말할 수 있어요.

<라이온 킹>에서

넌 그 일을 해낼 수 있어.
I know you can pull it off.

> 네가 해낼 수 있다는 것을 이미 알고 있다는 뜻으로, 격려할 때 하는 말이에요.

어떻게 이 일을 해냈어?
How did you pull this off?

<예스 맨>에서

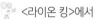 이번에는 우리말만 보고 **pull off**를 사용한 문장을 말해보세요.

내가 그 일을 해냈어.　　　　　🎤　I **pulled** it **off**.

넌 그 일을 해낼 수 있어.　🎤

어떻게 이 일을 해냈어?　🎤

 pull off를 사용한 실제 대화를 듣고 따라 말해보세요.

🎬 <라이온 킹>에서
자기 덕에 작전에 성공했다고 말하는 날라에게

Nala　It was my idea.
그건 내 아이디어였어.

Simba　Yeah. But　I **pulled** it **off**.
그치. 근데　　　 내가 그 일을 해냈어.

보너스 Talk Talk!

"내가 **해냈어**."라고 말하고 싶을 때, succeed(성공하다)를 써서 말하기 쉬운데요. 이런 상황에서 미국인들은 어려운 일을 해낸다는 의미가 강조되는 **pull off**를 가장 많이 써서 말한답니다.

- I succeeded. → 딱딱하게 들려요.
- **I pulled it off.** → 미국인들이 훨씬 더 많이 쓰는 표현이에요.

무료 강의 및
MP3 바로 듣기

stay

stay는 '**머물다**'라는 뜻으로 잘 알고 계시죠? stay는 지금 있는 곳에 가만히 머물러 있는 단어예요. 이미 알고 있었던 단어 stay를 사용한 표현을 통해 지금부터 미국인처럼 자연스럽게 말해봐요.

미국인이 가장 많이 쓰는 표현

stay away 멀리해요

stay over 머물러요

stay up 깨어 있어요

stay
머물다

DAY 95

"술 좀 멀리해."

멀리하다 | stay away

이미 알고 있는 단어 **stay**(머물다)와 **away**(떨어져)를 함께 써서
"술 좀 멀리해."라고 말할 수 있어요. **stay away**는 안 좋은 것
으로부터 멀리 떨어진 상태로 있는 느낌이에요.

stay(머물다) **+ away**(떨어져)
→ 멀리하다

🔊 **stay away**를 사용한 문장을 듣고 따라 말해보세요.

술 좀 멀리해.
Stay away from alcohol.

> 멀리해야 하는 대상을 from 뒤에
> 붙여서 말해요.

담배 좀 멀리해.
Stay away from cigarettes.

넌 정크 푸드를 멀리해야 해.
You should **stay away** from junk food.

◀)) 이번에는 우리말만 보고 **stay away**를 사용한 문장을 말해보세요.

| 술 좀 **멀리해**. | | **Stay away** from alcohol. |

담배 좀 **멀리해**.

넌 정크 푸드를 **멀리해야** 해.

◀)) **stay away**를 사용한 실제 대화를 듣고 따라 말해보세요.

(=) 햄버거를 끊을 수 없다는 제임스에게
정크 푸드를 멀리하라고 말할 때

James I can't stop eating burgers.
난 햄버거 먹는 걸 끊을 수가 없어.

Lily You should **stay away** from junk food.
넌 정크 푸드를 멀리해야 해.

 보너스 Talk Talk!

"술 좀 **멀리해**."에 쓰인 **stay away**는 술, 담배 등 몸에 좋지 않은 것을 하지 말라고 말할 때
뿐만 아니라 특정 사람과 거리를 두라고 말할 때도 많이 쓰인답니다.

· **You should stay away from Dan.**　　　너 댄을 멀리해야 해.

무료 강의 및
MP3 바로 듣기

DAY 96
"너희 집에서 머물러도 돼?"

머무르다 | stay over

이미 알고 있는 단어 **stay**(머물다)와 **over**(내내)를 함께 써서 **"너희 집에서 머물러도 돼?"**라고 말할 수 있어요. **stay over** 는 내 집이 아닌 곳에서 밤새 머무르는 느낌이에요.

stay(머물다) **+ over**(내내)
→ 머무르다

🔊 **stay over**를 사용한 문장을 듣고 따라 말해보세요.

나 너희 집에서 **머물러도 돼?**
Can I **stay over** at your place?

머물러도 돼.
You can **stay over**.

<틴 울프 시즌4>에서

자고 가는 건 안 돼.
No **staying over**.

<루이 시즌2>에서

나 너희 집에서 **머물러도 돼**?	🎤 Can I **stay over** at your place?

머물러도 돼.	🎤

자고 가는 건 안 돼.	🎤

🔊) **stay over**를 사용한 실제 대화를 듣고 따라 말해보세요.

💬 시애틀에서 지낼 곳이 없는지 묻는 사촌 동생 샘에게
너희 집에서 머물러도 되냐고 물을 때

Sam   You have nowhere to stay in Seattle?
시애틀에서 지낼 곳이 없는 거야?

Lily   Yeah,   can I **stay over** at your place?
응,   나 너희 집에서 머물러도 돼?

무료 강의 및
MP3 바로 듣기

DAY 96

해커스톡 영어회화 10분의 기적 아는 단어로 말하기

DAY 97

"3시까지
깨어 있었어."

깨어 있다 | stay up

이미 알고 있는 단어 **stay**(머물다)와 **up**(일어나)을 함께 써서 "3시까지 깨어 있었어."라고 말할 수 있어요. **stay up**은 밤 늦게까지 잠을 자지 않고 일어나 있는 느낌이에요.

stay(머물다) **+ up**(일어나)
→ 깨어 있다

🔊)) **stay up**을 사용한 문장을 듣고 따라 말해보세요.

나 3시까지 깨어 있었어.
I stayed up until 3:00.

<아메리칸 대드! 시즌6>에서

나 영화 보느라고 늦게까지 안 잤어.
I stayed up watching a film.

<어나더 이어>에서

너무 늦게까지 깨어 있진 마.
Don't **stay up** too late.

<록키 5>에서

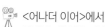 이번에는 우리말만 보고 **stay up**을 사용한 문장을 말해보세요.

나 3시까지 **깨어 있었어.**　　🎤　I **stayed up** until 3:00.

나 영화 보느라고 **늦게까지 안 잤어.**　🎤

너무 **늦게까지 깨어 있진 마.**　　🎤

◀)) **stay up**을 사용한 실제 대화를 듣고 따라 말해보세요.

🎥 <어나더 이어>에서
　 어제 늦게 자는지 물어보는 제리에게

Gerri　　**Did you have a late night?**
　　　　　너 늦게 잤어?

> have a late night은 '늦게
> 자다'라는 뜻이에요.

Mary　　I **stayed up** watching a film.
　　　　　나 영화 보느라고 늦게까지 안 잤어.

 보너스 Talk Talk!

"3시까지 **깨어 있었어.**"에 쓰인 **stay up**에 '밤새'라는 뜻의 **all night**을 붙여 말하면 '밤을 꼴딱 새우다'라는 의미로 말할 수 있어요.

· **I stayed up all night.**　　　나 밤을 꼴딱 새웠어.

무료 강의 및
MP3 바로 듣기

keep은 **'유지하다'**라는 뜻으로 잘 알려져 있죠? keep은 지금 상태를 그대로 쭉 지켜나가는 단어예요. 이미 알고 있었던 단어 keep을 사용한 표현을 통해 지금부터 미국인처럼 자연스럽게 말해봐요.

미국인이 가장 많이 쓰는 표현

keep
유지하다

keep on 계속 ~해요

keep out (일에서) 빠져요

keep up with (소식에) 밝아요

DAY 98 "계속 노력해봐."

계속 ~하다 | keep on

이미 알고 있는 단어 **keep**(유지하다)과 **on**(쪽)을 함께 써서 **"계속 노력해봐."**라고 말할 수 있어요. **keep on**은 하던 일을 멈추지 않고 쭉 진행하는 느낌이에요.

keep(유지하다) **+ on**(쪽)
→ **계속 ~하다**

🔊 **keep on**을 사용한 문장을 듣고 따라 말해보세요.

계속 노력해봐.
You got to **keep on** trying.

> have got to를 줄여서 got to라고
> 간단하게 말할 수 있어요.

<뉴스라디오 시즌5>에서

계속 뛰어.
Keep on running.

<엑스맨 탄생: 울버린>에서

왜 **계속** 그런 말을 해?
Why do you **keep on** saying that?

🔊)) 이번에는 우리말만 보고 **keep on**을 사용한 문장을 말해보세요.

계속 노력해봐.	🎤 You got to **keep on** trying.

계속 뛰어.	🎤

왜 **계속** 그런 말을 해?	🎤

🔊)) **keep on**을 사용한 실제 대화를 듣고 따라 말해보세요.

🎬 <엑스맨 탄생: 울버린>에서
무조건 뛰어야 하는 상황에서 로건에게

Victor	**Keep on** running,	and don't look back.
	계속 뛰어,	그리고 뒤돌아보지 마.

Logan	OK.
	알겠어.

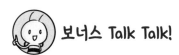 보너스 Talk Talk!

"**계속 노력해봐.**"라고 말하고 싶을 때, **continue**(지속하다)가 떠올랐나요? 이런 상황에서 미국인들은 **keep on**을 가장 많이 써서 말한답니다.

- You got to continue trying. → 덜 자연스러워요.
- **You got to keep on trying.** → '멈추지 말고 쭉~ 하라'는 의미가 강조돼요.

무료 강의 및
MP3 바로 듣기

DAY 99 "넌 좀 빠져."

(일에서) 빠지다 | keep out

이미 알고 있는 단어 **keep**(유지하다)과 **out**(밖에)을 함께 써서 **"넌 좀 빠져."**라고 말할 수 있어요. **keep out**은 어떤 상황에서 빠져서 끼어들지 못하는 느낌이에요.

keep(유지하다) **+ out**(밖에)
→ (일에서) 빠지다

🔊 **keep out**을 사용한 문장을 듣고 따라 말해보세요.

넌 이 일에서 좀 빠져.
Keep out of this.

> 어디에서 빠지라고 말할 땐
> 뒤에 of를 써서 말해요.

<매드 맥스>에서

쟤 그 일에서 좀 빠지라고 해.
Keep him **out** of it.

난 그 일에 끼지 않으려고 해.
I'm trying to **keep out** of it.

> 어떤 일에 관여하지 않겠다고
> 말할 때 쓸 수 있어요.

<길모어 걸스 시즌6>에서

🔊)) 이번에는 우리말만 보고 **keep out**을 사용한 문장을 말해보세요.

넌 이 일에서 좀 **빠져.**　　　🎤　**Keep out** of this.

쟤 그 일에서 좀 **빠지라고** 해.　　🎤

난 그 일에 **끼지 않으려고** 해.　　🎤

🔊)) **keep out**을 사용한 실제 대화를 듣고 따라 말해보세요.

🎬 <매드 맥스>에서
　　무슨 일인지 자꾸 묻는 짐에게

Man　　**Keep out** of this.
　　　　넌 이 일에서 좀 빠져.

Jim　　What's going on?
　　　　무슨 일인데?

무료 강의 및
MP3 바로 듣기

"내가 시사에 좀 밝잖아."

미국인이 가장 많이 쓰는 표현 100

(소식에) 밝다 | keep up with

이미 알고 있는 단어 **keep**(유지하다)과 **up**(가깝게), **with**(~와 함께)를 함께 써서 **"내가 시사에 좀 밝잖아."**라고 말할 수 있어요. **keep up with**는 시사 뉴스나 최신 유행을 잘 따라가는 느낌이에요.

keep(유지하다) **+ up**(가깝게) **+ with**(~와 함께)
→ **(소식에) 밝다**

🔊 **keep up with**를 사용한 문장을 듣고 따라 말해보세요.

내가 시사에 좀 밝잖아.
I **keep up with** the news.

트렌드에 밝아야 돼.
You got to **keep up with** the trends.

<투 브로크 걸즈 시즌3>에서

난 최신 유행을 잘 못 따라가겠어.
I can't **keep up with** the latest fashions.

◀)) 이번에는 우리말만 보고 **keep up with**를 사용한 문장을 말해보세요.

내가 시사에 좀 **밝잖아.**	🎙 I **keep up with** the news.

트렌드에 **밝아야 돼.**	🎙

난 최신 유행을 잘 못 **따라가겠어.**	🎙

◀)) **keep up with**를 사용한 실제 대화를 듣고 따라 말해보세요.

💬 대통령 연설을 들었냐는 제임스에게
이미 들었다고 말할 때

James   Did you hear the president's speech?
너 이번 대통령 연설 들었어?

Lily   Yeah. You know, I **keep up with** the news.
응. 뭐, 내가 시사에 좀 밝잖아.

 보너스 Talk Talk!

"내가 시사에 좀 **밝잖아.**"에 쓰인 **keep up with**는 시사 뉴스나 유행을 잘 안다고 할 때뿐
만 아니라 누군가와 함께 속도를 맞춰야 할 때도 많이 쓰인답니다.

- **Gosh, I can't keep up with you!**   아휴, 널 따라갈 수가 없어!

무료 강의 및
MP3 바로 듣기

교재 본문 & 대화문 MP3 **HackersTalk.co.kr**   **251**

미국인이 **가장 많이 쓰는 표현**으로 **영어민처럼 말하기**

초판 6쇄 발행   2023년 4월 3일

초판 1쇄 발행   2019년 6월 3일

지은이	해커스 어학연구소
펴낸곳	(주)해커스 어학연구소
펴낸이	해커스 어학연구소 출판팀

주소	서울특별시 서초구 강남대로61길 23 (주)해커스 어학연구소
고객센터	02-566-0001
교재 관련 문의	publishing@hackers.com
동영상강의	HackersTalk.co.kr

ISBN	978-89-6542-293-8 (13740)
Serial Number	01-06-01

왕초보영어 탈출
해커스톡

'영어회화인강' 1위, 해커스톡(HackersTalk.co.kr)
· 하루 10분씩 따라 하면 영어회화가 되는 안젤라 선생님의 교재 동영상강의
· 전문가의 1:1 스피킹 케어, 매일 영어회화 표현, 오늘의 영어 10문장 등 무료 학습 콘텐츠
· 미국인이 가장 많이 쓰는 표현을 듣고 따라 말하는 교재 본문 & 대화문 MP3 무료 다운로드

[영어회화인강 1위] 헤럴드 선정 2018 대학생 선호 브랜드 대상 '대학생이 선정한 영어회화 인강' 부문 1위

영어회화 인강 **1위**
말문이 트이는
해커스톡 학습 시스템

헤럴드 선정 2018 대학생 선호 브랜드 대상 '대학생이 선정한 영어회화 인강' 부문 1위

하루 10분 강의

언제 어디서나
부담없이 짧고 쉽게!

아는 단어를 200% 활용한
다양한 문장 표현 연습

아는 단어들의 조합을 통해
새로운 표현 익히기

반복·응용 학습

20회 이상 반복으로 입이
저절로 기억하는 말하기

실생활 중심의
쉬운 영어

실생활에서 200%
활용 가능한
쉬운 생활영어회화

해커스톡 HackersTalk.co.kr